走出丛林

造字时代的
人与动物

一苇｜著

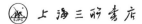

上海三联书店

本书由山东大学动物保护研究中心资助出版

"共生文丛" 编委会

荣誉主编

钱永祥　莽　萍　蒋劲松　林安梧

主　编

郭　鹏

编　委（按拼音字母排序）

陈家富　　崔庆明　顾　璇　刘　怡　泥安儒　齐文涛

图力古日　王　博　王　珀　王燕灵　一　苇

总　序

　　动物与人类的生活密切地编织在一起，动物始终在人类世界中扮演各种关键的角色。因此，在世界上任何文明里面，动物都有一定的位置。动物除了在各种工具的意义上被人类所使用、所滥用之外，人类也投注了许多文化、宗教、象征、情感，以及审美的复杂意义在动物身上。今天，西方世界的"动物研究"蔚为大宗，横跨哲学、史学、人类学、社会学、法律、文学、艺术、宗教，乃至于电影研究等各种学科，从多个方面探讨人类与动物的关系。非如此，我们对动物的了解注定是偏颇的，从而对人类自己的认识也是残缺的。

　　近年来，在中文世界，很多人也开始思考人类与动物的关系，尤其是从伦理的角度，检讨我们对待动物的方式为什么竟是如此地残酷无情。这时候，我们当然会希望借鉴、吸收中国的文化、宗教、哲学传统。可是真要回顾中华文明在其漫长的历史与广袤的空间中如何对待动物、如何思考动物、如何想象动物的时候，却发现可以参考的材料和著作又非常有限。我们可以轻易地阅读西方学者所撰写的西方动物思想史，了解从古希腊到今天的各种动物伦理学说；也可以读到精彩的历史著作，了解西方各个时代里不同社会对待动物的态度之演变。但是中国或者"东方"类似的主题，却乏人问津，相关的著作也屈指可数。结果，在今天的中文世界，研究和思考动物议题，必须仰赖西方的思想传统和宗教传统，参考当代西方学者的浩瀚著作。这个空白，对所有关心动物议题的人来说，都是莫大的损失。

针对这个情况，我们规划推出"共生文丛"，希望为中华文化传统中的动物议题的研究提供一个出版空间。事实上，近年来一些以中文写作的学者，已经在努力开拓这个领域，取得了一定的成果。旅美的陈怀宇教授也在主编一套"动物与人"丛书，酝酿多个有关动物的议题。我们相信，随着愈来愈多的学者意识到动物议题的重要性，愿意投入这个浩瀚领域，一方面借鉴西方，另一方面面向中国的传统与此刻中国的现实，一定会逐渐让中华文明中的动物生命状态还其本来面目。

钱永祥（著名学者、中国台湾"中央研究院"研究员）

2024 年 2 月

目　录

绪言 走出丛林

中国古代称植物为"本草","本"指木本植物，"草"指草本植物，合起来称"本草"，由此涵盖了所有的植物。那么，中国古代又是如何总称动物呢？

原来中国古代对动物的总称是"虫"。

在《大戴礼记·易本命》中，"虫"被分为五类，分别是：羽虫、毛虫、甲虫、鳞虫和倮虫。"羽虫"比如鸟，"毛虫"比如犬，"甲虫"比如龟，"鳞虫"比如鱼，那么"倮虫"又是什么动物呢？所谓"倮"，也就是"裸"，身上没有羽，没有毛，没有甲，没有鳞，光秃秃的皮肤什么都没有，原来这个"倮虫"就是人。

可见，在古人眼里，人不过就是"虫"的一种，换成今天的话，人从本质上说，从来就没有脱离动物界。即使按照现代生物学的分类，人也是动物的一种，即所谓哺乳纲灵长目人科动物。

看似与自然界已经隔离的人类，归根结底还是动物。

在人类进化的前几百万年期间，人与动物共同繁衍生息于自然界中，泯然于各种动物中间，成为生态结构中的一部分。人与其他动物一样：通过交配繁衍物种，通过摄取食物延续个体生命。

但在几千年之前，人类突然以所谓的文明爬上生物链的顶端，似乎不再受到生物链的束缚，自此之后，人类开始面临巨大的失控风险。就像大闹天宫的齐天大圣，无人管束。于是，人类也与当年失控的孙悟空一样，需要一个"如来佛祖"。

那么，人类到哪里去请"如来佛祖"呢？人类想到的办法是创立律法、道德等进行约束，乃至文化约束。尤其是文化约束，最终导致了人与动物界的分野。而在古代中国，文化约束的根本，就是融入民族基因的敬畏心。这是中华文化最大的智慧，这个智慧，就是中国人请来的"如来佛祖"。由此一来，挣脱了生物链的人类，重新找到了生存行为的边界。脱缰的野马，变成了有轨的列车。

那么，人需要敬畏什么呢？人的终极敬畏，自然是自然界。中国人把它称作天地，并由此产生了天、地、人三才的思想。

三才为什么叫作三才？"才"的含义是什么？

为了解决这个问题，让我们回到甲骨文当中。原来在甲骨文中"才"与"在"字同源，起初和"土"没有关系，应该是草木种芽破土而出的样子，表示小草已经开始存在，而存在即有用，所以同时有"才"的义项。而在"在"的义项上，为了强化存在场所的含义，金文中有的加了一个"土"字。

甲骨文　　金文1　　金文2　　金文3　　篆　　　隶

由此我们明白，所谓三才，指的就是三种最基本的存在。只有这三种基本存在具备，才会有我们眼前的世界。

从中国远古先民，到大乘佛学，到王阳明的心学，一直有一种观念，认为外在世界其实是由我们的心所生，所谓"心如工画师，能画诸世间"。按照《易传》的理论，万象世界，是由天地的阴阳交感与人的感官感应所生。所以，万象世界的产生，基于天、地、人三才的具备。

从三才的观念来看，在万象世界形成的过程中，看似并没有其他生命的参与，这当然是一种错觉。因为在中国古代，历来把生命世界的一切生物看作自然界的有机部分，没有形形色色的其他生命的参与，自然界也就不成其为自然界。所以，中国古代，从来就没有把生命从自然界中割裂出来，而是把它与自然看成一个整体。只是中国古代习惯用天地这个词来代表自然。

人敬畏自然，而人以外的其他生命又是自然的一部分，所以，这些生命自然也是人所敬畏的目标。中国古人历来认为万物有灵，因此在古代的图腾崇拜中，像太阳、大山、巨石，都可以成为崇拜的目标。清代的文学名作《红楼梦》起初叫作《石头记》，说的就是女娲补天时丢下一块石头，后来这块石头投胎人间，成为故事的主角。

连石头都有灵，而奔跑于大地之上的各种动物，更是典型的生灵，所以，这些生灵成为人类图腾崇拜的目标，是顺理成章、自然而然的事。

在中国古代，像龙、凤、麒麟这样想象中的动物成为崇拜的目标，很容易理解。但让人感到奇怪的是，有许多动物是人类的食物来源，或者说是人类渔猎的目标，比如鸟、鱼，同样也可以成为氏族崇拜的图腾。那么，这是基于一种什么心理呢？

原来，古人把它们视为自然的一部分，当作上天的馈赠，由此产生了感恩之心。人的生命是靠什么来延续的呢？是靠不断地摄取食物。而人的食物来源是什么？是植物和动物。因此，是各种食物源生物用它们的生命来延续人的生命。而以献出生命的方式来施惠人类，这应该是对于人类最大的恩情，人类对这个最大的恩主顶礼膜拜也就不奇怪了。其实人类尊重食物的习俗贯串了人类的整个历史，直到今天，尤其是有宗教信仰的人群，在进食之前常常还要表达对食物的敬意。这是食物源动物成为古代氏族图腾崇拜的民族心理依据。

这是人类与动物之间的第一种关系，即动物作为人类食物来源。在这种关系中，人对动物更多的是一种感恩。

那么，人类与动物之间的第二种关系是什么？第二种关系主要是人与驯化动物之间的伙伴关系。

比如人类驯化狗，狗可以看家护院，可以协助打猎，所以，人和狗之间形成一种协作关系，而对于具体的人来说，人与狗之间甚至有一种类似亲人的相依为命的关系。比如人类驯化马，马可以参与运输，参与农耕，甚至参与战争。一位驰骋疆场的将军，往往把他的坐骑看成自己最忠实的战友。

人类与动物还有第三种比较隐秘的关系。

我们知道，中国远古时期的神话人物，经常是一种人与动物结合体的形象。最典型的就是中国人的人文始祖伏羲和女娲，从文献记载，到汉唐时期各种不同载体的画像，伏羲、女娲都是人面而蛇身。而蚩尤的"蚩"字，其实就是上面一只脚，下面一条蛇；大禹的"禹"字，最初也是一条蛇或者说一条虫的象形。《史记正义》引《龙鱼河图》说："黄帝摄政，有蚩尤兄弟八十一人，并兽身人语。"原来蚩尤家族都是"兽身人语"。

与此相关的是，古人还会把某一种动物视为自己的祖先。比如"天命玄鸟，降而生商"，原来商人认为自己是燕子的后代。再比如藏族人把自己看成猕猴和罗刹女的后代，等等。这种观念，其实是图腾崇拜的另一个来源，而且是图腾崇拜的主要来源。人与动物身体结合的形象，也多半来源于此。《史记·五帝本纪》中记载，黄帝"教熊罴貔貅䝙虎，以与炎帝战于阪泉之野"。许多学者认为，"熊罴貔貅䝙虎"这些动物应该是各个部族的图腾。黄帝本人号为有熊氏，所以熊放在第一位。

在世界各个民族之中，历史越早，神话人物和历史人物越难以区分。究其原因，正与这种古老的图腾崇拜有关。而基于这种图腾崇拜的半人半兽的人物形象，正说明了越古老，人类越是把自己融合于自然当中：人不过是自然的一部分，人与自然本是一个整体。因为中国的文化是几千年来持续而未曾中断过的，所以，在中国的传统意识中，一直保持了这种天人合一的观念。

也就是说，人类与动物第三种比较隐秘的关系，就是人借助与动物结合起来的形象，来表达人是自然有机整体的一部分，即中国古代的天人合一的观念。

以上人与动物的三种关系，成为人与动物和谐共存的基础。如果现代文明依然遵循着这一轨道继续前行的话，那么，人类就可以避免因为脱离了生物链的束缚而失控，导致毁灭自然，最后毁灭自己的命运。

那么，我们为什么在这里把我们讨论的时代限定为造字时代？

首先我们来说明一下造字时代的时间限定。

从甲骨文被发现以来的一百多年，学术界已经形成共识：甲骨文已经是一种成熟的文字，尽管它的原始性还很明显。由此带来两个问题：

第一，文字的起源和形成是一个漫长的过程。

从古史传说来看，中国有一个仓颉造字的传说，而仓颉是黄帝时代的史官。从大的脉络来讲，黄帝时代上承于神农时代，神农时代上承于伏羲时代。黄帝时代比甲骨文所处的商代后期，大约早两千多年。而比黄帝时代更古老的伏羲时代，则开始出现八卦。《周易·系辞》说："古者包牺氏（即伏羲氏）之王天下也，仰则观象于天，俯则观法于地，观鸟兽之文与地之宜，近取诸身，远取诸物，于是始作八卦，以通神明之德，以类万物之情。"可见，伏羲氏作八卦的目的是"以类万物之情"，作八卦的根据则是"仰则观象于天，俯则观法于地，观鸟兽之文与地之宜，近取诸身，远取诸物"。

而许慎的《说文解字叙》在谈到文字起源时，一开始就用《系辞》中的这一段文字开篇，显然，许慎认为，伏羲创八卦可以视为文字的滥觞。随后，他在描述仓颉造字时说："黄帝之史官仓颉，见鸟兽蹄迒之迹，知分理之可相别异也，初造书契。仓颉之初作书，盖依类象形，故谓之文。其后形声相益，即谓之字。文者，物象之本；字者，言孳乳而浸多也。"可见，仓颉造字的根据与伏羲氏创八卦极其类似，而"文"的定义即为"依类象形""物象之本"，"字"则是由文"孳乳"而逐渐丰富起来的。

所以，从古史传说的角度来看，伏羲时代是造字时代的缘起阶段。

从考古发现来看，中原地区仰韶文化以及山东地区大汶口文化都发现有早期的刻画符号，比如半坡遗址和莒县陵阳河遗址等。这些刻画符号出现在五六千年前，对应古史传说中的神农和黄帝时代。尤其是大汶口文化的刻画符号形象鲜明，极有可能是文字的雏形，尽管与后来可以记录事件的成篇文字不同，更多的应该是一种标识性符号。

第二，这个文字起源和形成的漫长的过程，恰好重合了中国历史从蒙昧走向文明的阶段。伏羲、神农和黄帝，可以视为史前时代，而夏、商、周三代则已经跨入文明的门槛。这一阶段，正是华夏民族与自然融合最紧密的时期，从人和动物的关系角度来看，表现为古史人物人兽合体的特征。而投射到造字之中，则是造字来源中的动物因素，比如伏羲的"观鸟兽之文"，以及仓颉的"见鸟兽蹄远之迹"。

由此可见，造字时代的造字运动，非常鲜明地反映了这一时期人与动物之间的关系。

而这一时代的下限却不仅限于甲骨文的出现。因为在甲骨文出现之后，秦朝统一文字之前，在这一千年左右的时段内，从商周金文，到其他载体的文字，都具有字形书写不固定、各个时期各个地域文字系统不统一的特点，所以，汉字的最终定型应该是秦汉时期。所以，我们把造字时代定义为从上古伏羲到先秦这个阶段。

说完造字时代的时间限定，我们再来说明，为什么用造字称谓这个时代。第一个原因，我们其实在前面已经有所涉及，汉字的造字时代涵盖了中国从蒙昧进入文明的整个历史，而这一段历史的特点就是人与自然并未完全脱离。这种人与自然合一的状态，表达在中国古人的意识中，就是人兽合一的圣王形象，同时，汉字造字的重要源泉，就是包含动物在内的天地间的自然万物。第二个原因，汉字造字的漫长过程是古代中国所独有的特殊现象，突出表现了古代中国人与自然的关系，以及人与动物的关系。也就是说，造字时代只存在于古代中国，由此凸显了中国动物文化的特色。

人来自丛林，在人的丛林时代，人和其他动物一样，被镶嵌在整体的食物链当中。当人攀升到食物链顶端，并脱离食物链之后，人类社会出现了与自然界相背离的反动力。而其实尽管人类处在食物链顶端，人类的生物性决定了人类最终并不可能完全脱离自然界而独立存在。

现代人，尤其是现代的城市人已经生活在钢筋水泥的丛林中，不仅忘记了曾经养育我们几百万年的那片绿色的丛林，而且自以为我们正在一步步走出那片丛林，成为地球的主宰。这就是我们开头所说的，在自以为没有约束的前提下，人的眼睛被人造的丛林所遮挡，朝着失控的方向坠落，并把这种加速度的坠落误读成一种高速发展。

因此，我们希望越来越多的人能从这场噩梦中醒来，重新审视我们走出的那片其实应该视为故土的丛林。当然，我们的目的不是要回到那个蛮荒的时代，而是回归人与自然合一的思维方式，在我们前行的时候，四顾我们的天地自然，四顾我们地球生命的伙伴，倾听一下，我们一起奏出的地球音乐是否还那么优美和谐，以便调整我们节奏混乱的脚步，修正不和谐的杂音。当伦理和文化追上了科技的脚步，我们就会重新看到那片人类与地球其他生命共同拥有的天空。

老子说："反者，道之动。"回望那一串串走出丛林的脚印，潜心丈量文明轨迹的曲线，这或许是我们找到人类未来出路的唯一途径。

两条鱼的相遇，发生了什么？

　　一条鱼从左往右游，一条鱼从右往左游，然后两条鱼相遇，寂寞的世界寂寞的鱼，从此在创世的钟声中醒来。这是甲骨文和《易》描述的画面。

　　鱼，是远古先民最早的艺术创作素材，它被大量地描绘在仰韶文化的陶器之上。甲骨文和商代金文的"鱼"，几乎可以被视为鱼图的一个延续，直到周代以后，"鱼"字才看起来有点文字的模样。

甲骨文　　　　　　商代金文　　　　　　周代金文

　　今天的"魚"字，可以从周代以后的金文中找到它的祖型，上面的"刀"变自鱼头，中间的"田"变自鱼身，下面四个点变自鱼尾。所以，从今天的字形我们依然可以回溯到一个完整的鱼形。

仰韶文化彩陶上的鱼纹

那么，为什么鱼在远古会受到如此的关注呢？

对于远古先民来说，最神秘的地方无非是仰望的天空和俯视的深水。这两个地方都有不可触及的深处。如果把视线放远，在望不到边的宽阔水域，总是能看到天际线上的天水相交。

也许在远古先民的潜意识甚至集体无意识当中，还有基因层面的关于海洋的记忆，所以促生了生灵乃至万物生于水的观念。太一生水，水是万物之源，这是鱼、龟乃至龙成为图腾崇拜的最深层的原因。

其实龙的起源，最基础的也是龙鳞所象征的鱼。文明时期鲤鱼跳龙门的传说，很可能是这种远古记忆的重塑。

龙，凝聚了无数动物的形象，是东方之神。东方是八卦中的震位，象征着阳气的初生，也就是生命之源。按照"鲤鱼跳龙门"的说法，龙为鱼的跃迁，跳过龙门的成龙，没有跳过龙门的仍然是鱼。也就是说，既然龙是生命之源，而龙蜕变于鱼，所以，归根结底，鱼才是生命之源的最原始象征。

那么，鱼是如何创世的呢？

如果鱼各自悠游，互不相干，那么鱼的悠游或许就是一种寂静的永恒，触发万象世界的旋钮弥散在水的背景之中。可是，如果有两条鱼忽然改变了方向，像被赋予意识一样向对方游来，然后两条鱼越游越近，越游越近，最终迎面相遇，那么这一刻究竟会发生什么？

两条鱼，当一条代表阳，一条代表阴，那么，这个世界就会因为阴阳的遭遇而从此改变，一潭静水涌起生命的波澜。

对于这个创造世界的场面，甲骨文中是如何描述的呢？

两条鱼迎面游来

甲骨文 1　　甲骨文 2　　甲骨文 3

　　首先是两条鱼迎面游来。只是为甲骨文书写的方便，鱼都由横向变成了竖向，左右的相遇变成了上下的相遇。甲骨文 1 描绘的就是两条鱼的迎面游来。然后两条鱼越游越近，终于完成了吻部的相接，这是甲骨文 2 描绘的情景。在此之后，相接相交发生感应，形成了阴阳交媾，犹如宇宙物质世界的核聚变，不断地创造出各种元素，并由各种元素不断构造出世间万物，这是甲骨文 3 描绘的情景。

　　那么，这个完成阴阳交媾的字形到底是什么字呢？这个字就是"冓"字。下面是这个形字演变的金文、篆字和今字：

金文　　　篆字　　　今字

　　"冓"的原始字义是什么？原来这个"冓"字正是"遘"的本字。两条鱼的相遇，会意就是"遘"，并由"遘"字引申出"媾""构（構）"等义项。其实《周易》姤卦的"姤"也是来自"遘"或者"媾"和"构（構）"。非常巧合的是，正是《周易》姤卦的爻辞两次讲到了鱼，分别是"包有鱼"和"包无鱼"。

　　不过，"遘"字其实早在甲骨文和金文当中已有完整字形。

甲骨文1   甲骨文2   金文   篆   隶

"菁"作为阴阳鱼的交媾，很容易让我们想起另外两条阴阳鱼，这就是组成我们熟悉的太极图中的阴阳鱼。

太极图中的阴阳鱼，是一个圆与圆互相咬合的完美的几何图形。其绘制方法是：第一步，在一个完整的圆中画一条竖线，把一个圆分成两个半圆；第二步，以大圆的圆心为分界线，上方画一个圆，下方画一个圆，形成上下两个完全相同的圆；第三步，擦去上面的右半圆、下面的左半圆，两条咬合的阴阳鱼就成形了；第四步，再次以两个小圆的圆心为圆心，各画一个更小的圆，两条阴阳鱼的鱼眼就留出了位置；最后一步，把其中一条鱼涂成黑色，另一条鱼留白，白鱼的眼睛涂黑，黑鱼的眼睛留白，由此一幅太极阴阳鱼图就完成了。

不能不说，古人的这种天才设计，堪称完美。

那么，这幅阴阳鱼的太极图，表达的是什么？正是上面提到的那两条鱼相遇的一瞬间。它所诠释的理念则是含阴阳而阴阳尚未显现的状态，这个状态就是太极。

而把阴阳鱼周围配上八卦图，又表达的是什么呢？

　　原来就是《周易·系辞》中所说的"易有太极，是生两仪，两仪生四象，四象生八卦"。在《周易》的象数体系中，"三爻"组成的八卦，几乎可以代表世间万物。

　　其中最基本的意象如下：

第一组：乾 ☰	震 ☳	坎 ☵	艮 ☶
现象 天	雷	水	山
人伦 父	长男	中男	少男
特性 健	动	险	止
第二组：坤 ☷	巽 ☴	离 ☲	兑 ☱
现象 地	风	火	泽
人伦 母	长女	中女	少女
特性 顺	入	明	悦

　　这三种基本的意象成为源头，从而演化出从自然到社会的所有世间万象。那么，《系辞》当中的这段文字，以及后人根据这段文字绘制的阴阳八卦图，到底隐藏了什么神秘的玄机？

　　易学发展到宋代，一批硕儒由此揭示出中国人宇宙的生成模型。

　　这个模型的最基本原理可以概括为两条：一、万法世界缘起于无，从无到有是从二（阴阳）的出现开始的；二、物质世界的生成是以2的n次方的形式递进的。

　　首先是易，"易，无思也，无为也，寂然不动"。这显然是不二的本体世界。之后是"易有太极"，含阴阳而阴阳并未显现，这是阴阳鱼表达的状态。之后是"是生两仪"，阴阳分野，显现出两仪。之后是"两仪生四象"，阴阳两仪相配，阴阴、阴阳、阳阴、阳阳，这是 2 的 2 次方。之后是"四象生八卦"，天地人三才表现为三爻相叠，得出的结果就是八卦，这是 2 的 3 次方。随后是 2 的 4 次方、5 次方、6 次方……

我们来直观地描述一下宇宙生成过程的太极模型：

一—二（2^1）

阳 — 阴 --

二—四（2^2）

太阳一 ⚌ 少阴二 ⚍ 少阳三 ⚎ 太阴四 ⚏

四—八（2^3）

乾☰ 震☳ 坎☵ 艮☶ 坤☷ 巽☴ 离☲ 兑☱

八—十六（2^4）

十六—三十二（2^5）

三十二—六十四（2^6）

乾	坤	屯	蒙	需	讼	师	比
小畜	履	泰	否	同人	大有	谦	豫
随	蛊	临	观	噬嗑	贲	剥	复
无妄	大畜	颐	大过	坎	离	咸	恒
遁	大壮	晋	明夷	家人	睽	蹇	解
损	益	夬	姤	萃	升	困	井
革	鼎	震	艮	渐	归妹	丰	旅
巽	兑	涣	节	中孚	小过	既济	未济

　　这个模型以含阴阳而阴阳未显的太极为一，然后从一分化为阴阳已显的二，表达的是：世间万事万物只要呈现出相的状态，

那么一定都有阴阳对立。这是太极思想的根本。因此，此后的演化都建立在2的基础上，从2的1次方开始，到2的6次方，用矩阵的形态，表达了从阴阳分野，到《周易》六十四卦代表的世间万物的形成过程，以此象征物质世界不断累积的过程。犹如物质世界从只有一个带正电的质子和一个带负电的氢原子开始，然后通过核聚变，逐渐形成元素周期表中所有的元素。这些元素的特点是，每一个原子不论它有多少带正电的原子核，都有与之数量对等的带负电的电子，从头到尾，无一例外。

由此我们看出，中国的宇宙生成观，就是以2的n次方的形式不断气化而形成了宇宙间的万事万物。而所谓的"气"，就是来自太极的原始能量。如果反过来看，那么这个世界不过是一场虚幻而已。

这两条相遇的鱼就这样成为象征中国哲学源头的图腾。

那么，我们熟知的太极图是从什么时代开始出现的呢？其实成熟的太极图与宇宙生成模型建立出现于同一时代。也就是说，我们见到最早的太极图应该是从宋代开始的。

那么，有没有更为古老的太极图呢？除了甲骨文和金文当中的那两条相遇的鱼之外，我们还可以从一开篇我们提到的仰韶文化彩陶中寻找到蛛丝马迹。

彩陶人面鱼纹

彩陶二鱼交邁图

在仰韶文化彩陶中，常见一种极其生动的人面鱼纹，由人脸和鱼组成。人脸除了中间的眼睛与鼻子之外，额头和嘴部都显示出阴阳相间的图案，而人耳处和嘴部都有两条鱼相遇或相交。整个图案似乎与后代的太极图有着千丝万缕的联系。

人脸部分为一个正圆形，类似于太极图外圈。而人脸中间则比太极图复杂得多，远没有太极图那么简练和完美，但蕴含的信息却十分丰富。首先，整个面部分成三部分：额头部、眼鼻部、嘴颌部。额为天，嘴为地，中间用来观察的眼睛代表了有感官的人，所以可以视为最古老的天地人三才图，而三才有明显的阴阳相间。其次，额头部是在一个近似半圆的空间里表达了阴阳的对比，右侧的黑色半圆则可以视为太极阴阳鱼由一个小半圆构成的鱼头。再次，中间的眼睛并没有睁开，尚未开启观察世界的功能，这也是含阴阳而阴阳未显现的太极状态。最后是嘴部，同样也有一个阴阳相交的状态。

我们再来看鱼的形态。两条耳根位置的鱼相对游来，即将游进额头的"太极图"内。很像甲骨文中两条相向游来的鱼，这是尚未构成太极的原始态。而嘴部的两条鱼已经游进圆圈之中，而且鱼头已经相交，近似于甲骨文中那两条已经相遇的鱼。鱼头的抽象相交，巧妙地构成了人嘴的形状，形成了黑白的对立，而且嘴部似张开为"二"。我们上面说过，如果把人脸部分看成天地人三才图，那么嘴颌部为地，而地已有二的概念在内，所以象征着即将"太极生两仪"的状态。

因此，我们可以把这幅在仰韶文化彩陶中常见的人面鱼纹，视为远古时期的太极图。而在另一种更为抽象的鱼头交合图中，则可视为在人嘴部两鱼相交的简化版。带有鱼眼的鱼头被切割在一个长方形当中，同样是黑白相间。如果我们把它外围的长方形变成圆形，同样也可以视为原始太极图。

　　虽然以上的文字推测成分更多，但是这两幅图蕴含的文化信息确实不容忽视。

　　成熟的太极图为什么选择了鱼？仰韶文化的彩陶为什么这么多鱼与人之间的关联？这都说明了鱼在中国古人意识当中的重要地位。而鱼之所以在中国古人的意识当中有如此的重要地位，缘于鱼是最常见的水生动物，它因此顺理成章地成为太一生水的象征。

　　除了作为生命起源的象征，鱼还寄托了先哲的一种回归本原的向往。譬如从"子非鱼"的争论到"相忘于江湖"，就诠释了庄子的生命态度。

　　"子非鱼"是《庄子·秋水》中庄子与朋友惠子的一段对话：

> 庄子与惠子游于濠梁之上。庄子曰："儵鱼出游从容，是鱼之乐也。"惠子曰："子非鱼，安知鱼之乐？"庄子曰："子非我，安知我不知鱼之乐？"惠子曰："我非子，固不知子矣；子固非鱼也，子之不知鱼之乐，全矣。"庄子曰："请循其本。子曰'汝安知鱼乐'云者，既已知吾知之而问我，我知之濠上也。"

　　庄子与惠子虽然是老朋友，但两个人是当时水火不相容的两个学派的领军人物，庄子代表的是道家，与老子一脉相承，而惠子却是名家学派的代表人物。老庄看重的是回归自然，而名家擅长的是辩论，辩论的基础就是古代的逻辑学，所以惠子的辩论总是有严密的逻辑性，这一段濠梁之辩，正表现出惠子的逻辑天才。

　　当时两个人偕游于濠水之上，当庄子看见水中的儵鱼悠游于水中，发自内心地感叹悠游之鱼的自在之乐。于是引发了两个人的濠梁之辩。

惠子从逻辑出发，提出对庄子感叹的质疑。惠子说："你不是鱼，哪里会知道鱼的快乐？"也就是说，鱼是否快乐，只有鱼知道，你不是鱼，自然不会知道鱼是否快乐。

庄子顺着他的逻辑反问："你不是我，你哪里会知道我是不是知道鱼的快乐？"

于是，惠子就把两个问题放在一起梳理："没错，我不是你，固然不知道你是不是知道鱼之乐；同理，你不是鱼，你自然也不会知道鱼是否快乐。这就是我的完美答案。"

按照通常的逻辑，惠子的推理完美，几乎无懈可击。但是庄子不以为然，所以，庄子另辟蹊径，转换思路："我们再从头捋一下。你开头是怎么问我的呢？你问我从哪里看出鱼的快乐，那分明是已经知道我知道鱼之乐而问我。我现在告诉你我从哪里知道的，我就是在濠上知道的。"庄子一下子把"哪里知道"（安知）偷换成地点的概念。

从常性思维来说，庄子类似于一种狡辩。但《庄子》一书中之所以讲述这个故事，当然不是为了表现庄子的强词夺理，而是要表达与《秋水》篇整体思想相契合的超越。庄子正是用这种类似狡辩的回答，跳脱出惠子的逻辑，从思维回到觉性。鱼的悠游与庄子内心的悠游同频碰撞，这种觉性中的大快乐是封闭在可怜的逻辑之中的惠子根本无法体悟的。而且庄子也十分享受与惠子的辩论，他把这场辩论同样当成一种鱼的悠游。

因此，从惠子逻辑的视角，惠子赢了。而从庄子的觉性中看，哪里有什么输赢，体悟到如鱼一般的悠游就足够了。惠子在享受他逻辑的胜利，而庄子在享受他在辩论中的悠游，两个人可以说是各得其乐。

相忘于江湖，则是来自《庄子·内篇》的《大宗师》：

> 泉涸，鱼相与处于陆，相呴以湿，相濡以沫，不如相忘于江湖。

这段话的意思是：因为泉水干涸，本来生活在水中的鱼被搁浅在陆地上。这时候鱼想通过相互哈气和吐唾液来维持湿气，以保持生命。而庄子认为，与其用这种无效的方式自救，还不如相忘于江湖之中。

关于这一段文字，庄子在后面的文字中，借孔子之口如此解读：

> 鱼相造乎水，人相造乎道。相造乎水者，穿池而养给；相造乎道者，无事而生定。故曰：鱼相忘乎江湖，人相忘乎道术。

意思是：鱼生活在水中，人生活在道中，这两者有非常强的相似性。鱼生活于水中的时候，其实没有感觉到水的存在；而人生活于道中，同样也感觉不到道的存在。生活于水中的鱼，挖座池子注入水，就可以生存；生活于道中的人，把世事都放下就能感受定的状态。所以说，鱼在江湖之中，忘掉了江湖的存在；人在道中，忘掉了道的存在。

也就是说，不管是鱼还是人，忘掉也就是感觉不出所以能够存在的存在，才是最大的自在。如果用一些小道小术来求生存得更好，结果会适得其反；而生存于你感觉不到它存在的背景之中，这才是大道。道无所不在，你却不必感觉它的存在，这才是相忘于江湖的宗旨所在。

从"子非鱼"的争论到"相忘于江湖"，我们可以看出鱼的意象在《庄子》中的地位。相对于人类而言，鱼才是一种无思无为的状态，这是接近于道的状态。

所以，从太极观念中的鱼到庄子的鱼，我们读出的更多是形而上的内涵。

不过，正是因为这种人与鱼扯不断的关联，因此即使超出形而上的范畴，鱼仍然是古人生活中重要的文化元素。

从民俗的角度来说，在古代鱼还有祈福和祝福的象征意义。

《孔子家语·本姓解》记载，孔子二十岁的时候得子，当时的鲁国国君鲁昭公送给孔子一条鲤鱼作为贺礼。孔子为了纪念这份荣耀，就把他的儿子起名为鲤，字伯鱼。除去排行的伯字，名字加在一起就是鲤鱼，可以说极其直接和纯朴。这正是来自鱼的纯朴之义。

说起鱼的纯朴之义，鲁国的鲁字即是一个很好的诠释。

"鲁"字在甲骨文中由一条鱼和一个"口"字构成，会意享受鱼的美味，所以生发醇美之义；金文除与甲骨文同构的字形外，还有一种由鱼和"甘"字组成的字形，享受鱼之美味的含义更加明显，这个字正是后来"鲁"字的祖型。

甲骨文　　金文1　　金文2

因此，"鲁"的本义并非后来引申的鲁莽等义项，而是美好。这也正是当初鲁国以"鲁"为国名的原因所在，而"鲁"的美好是一种纯朴的、发乎天然的美好。

　　而在后世的民俗当中，鱼还被寄寓许多吉祥元素，而这些吉祥元素来自"鱼"字的谐音。中国古代民俗当中的吉祥文化，非常善于巧妙地运用汉字的谐音，比如以蝙蝠的"蝠"谐音"福"，以葫芦谐音"福禄"。鱼则可以有两种谐音：一种谐音"余"，一种谐音"玉"。"余"的谐音含义为有余，这与鱼多子的特性也可以形成关联，因此鱼的图案经常作为一种吉祥文化出现在年画、剪纸等民俗作品当中，"年年有鱼"也成为一种常见的吉祥用语。"玉"的谐音多用在"金玉满堂"，比如画池塘中的金鱼，就可以谐音"金玉满堂"。

　　而前文提到的鲤鱼跳龙门，也是寄托了庶民跻身上流社会的梦想。

　　鱼的意象，在佛教当中则被转换为一种独特的视角。代表这个独特视角的就是寺院中的木鱼。木鱼有两种：一种是悬挂于寺院之中的大型木鱼，用于召集僧众时敲击。这种木鱼应该来自钟磬，敲击时发出的巨大声响可以传遍寺院的每一个角落。一种是僧人诵经时敲击的小木鱼。僧人敲击木鱼有固定的节奏，与诵经声相配合，呈现出一种音乐美，可以渲染出庄严的氛围。

　　而寺院使用木鱼，源于鱼目的意象。鱼一生当中都不会闭眼，所以，用鱼来象征修行的精进最恰当不过。

　　从远古到文明时期，鱼的符号被寄寓了深厚的文化意蕴，从形而上的道到形而下的民俗，贯串了中国古人精神生活的全部。因此，鱼一直悠游于人间，不曾须臾离开。

寺庙中悬挂的木鱼

伏羲女娲，从蛇中蜕变的文明

谁是中国人的始祖？中国人是从什么时候开始出现的呢？

按照中国古人的观念，中国人的祖先是伏羲，或者伏羲、女娲，中国人的历史是从伏羲时代开始的。

记录伏羲、女娲最早的文献，应该是长沙子弹库出土的楚帛书，在帛书中伏羲、女娲同时出现，而且是以作为中国人始祖的夫妻身份出现的。

在传世文献中，伏羲最早出现在《易传·系辞》中，女娲则最早出现在《楚辞》和《山海经》中，而且《系辞》中的伏羲与《楚辞》《山海经》中的女娲，都是单独出现。或许这些记载的源头，比楚帛书埋藏时代还要古老，彼时还没有把伏羲、女娲联系起来。

以上这些传世文献或者出土文献当中，最为遗憾的是，都没有涉及伏羲、女娲的样貌。

我们可以追溯到的伏羲、女娲图像，是从汉代开始的，尤其在汉画像石当中，伏羲、女娲已经是一个常见主题，不过汉画像石中的伏羲、女娲通常是成双成对地出现。也就是说，汉代时，中国人已经笃信伏羲、女娲就是中国人的始祖。

汉画像石中的伏羲女娲

那么，作为中国人祖先的伏羲、女娲应该是什么样子呢？

原来伏羲、女娲都是蛇，是人首蛇身的合体。

东汉王延寿《鲁灵光殿赋》中说："伏羲鳞身，女娲蛇躯。"由此可见，在汉代，人们已经普遍认为，伏羲、女娲的形象就是人首蛇身。

那么，中国古人为什么选择了人首蛇身作为伏羲、女娲的形象呢？

在回答这个问题之前，我们首先来探讨一下，中国古代为什么经常把远古祖先想象成人与动物的合体形象。

从客观原因来说，这种人与动物合体的形象，很可能源于民族集体潜意识中丛林时代记忆的沉淀。在古代中国，有一个《连山易》描绘的穴居时代。传说中国古代有"三易"，分别是《连山易》《归藏易》和《周易》。《连山易》以艮卦为首卦，而艮卦的第一意象就是山，所谓连山，即山山相连形成的重峦叠嶂，对应的是人类的穴居时代；《归藏易》以坤卦为首卦，而坤卦的第一意象就是大地，所谓归藏指的是大地，古人认为万物归藏于大地，对应的是人类走出大山生活于平地的时代，这时候的房屋以地穴和半地穴为主；《周易》以乾卦为首卦，而乾卦的第一意象就是天，所谓周，是以农田阡陌相环的象形来代表旋转的天，所以对应的是农耕时代，这时候的房屋逐渐从半地穴升至地面，甚至升至高台之上。因此"三易"分别为山易、地易和天易。

虽然古人把"三易"归结为《夏易》《商易》和《周易》，但实际上三易所描绘的时代要比三代古老得多。最初的《连山易》很可能可以上溯到伏羲始创八卦的那个穴居时代的末期。穴居时代是人类最漫长的历史时期，至少有上百万年的时间跨度，从整个旧石器时代一直到新石器时代初期。而伏羲时代很可能处在这个时代的末期。

伏羲时代之前，中国的远古神话中还有以燧人氏为代表的时代。燧人氏的"燧"字透漏了两个信息：第一个信息是传统对"燧"的解读，即打火石，也就是说，燧人氏时代人类已经学会用火。第二个信息是"燧"字与"隧"字相关。"隧"字中的"阝"最初的字形是立起来的"山"，而"遂"字主体部分是一头猪和一只脚，所以"隧"字的本义应该是指动物进进出出的山洞，后来延伸出隧道的含义。因此"燧"的初义或许与洞中之火有关。

由此可知，人类最初居住的洞穴，就是动物居住的天然洞穴，这是一个人与动物杂处的时代。在中国，旧石器时代的北京猿人、山顶洞人，居住的都是这样的洞穴。从四五十万年前的北京猿人，到三万多年前的山顶洞人，都有用火的痕迹和大量的动物骨骸堆积，因此可以对应燧人氏时代。

北京猿人复原头像　　　发现北京猿人化石的周口店遗址

人类的这种穴居生活一直持续到新石器时代的初期，典型的代表即江西万年的仙人洞遗址。这一时期，人类仍然居住在山洞之中，但令人振奋的是，陶器制作开始出现。这是人类最古老的陶器，它意味着新石器时代拉开了序幕。

江西万年仙人洞遗址，至少距今有一万年以上，它所处的时代，从"三易"的角度来看，对应的是连山时代；从古史传说的角度来看，对应的是伏羲时代，或者说即将进入伏羲时代。

而这一时期，人类并没有摆脱丛林，遗址中有鹿、猿、虎、野猪、麂、猪獾、小灵猫、果子狸、猕猴等大量野生动物遗骨。人类依然在很大程度上依靠狩猎来维持生存。

正是这个人与动物共处的时代，古人在追忆先祖时，民族集体潜意识中的情景就像梦境一样，人与动物羼杂在一起难分彼此，于是出现了人与动物合体的先祖形象。所以说，这种合体形象，并不只是图腾崇拜的产物，而是有其更深层的原因。甚至说，图腾崇拜产生的主体原因，很可能也与此有关。

客观原因主要来自不自觉意识，而主观原因却来自自觉意识。中国古人把远古祖先想象成人与动物的合体形象，主观原因就是有意识地去营造神秘和敬畏的氛围。

如果我们想把一个人树立为偶像，总要寻找他不同寻常的地方。如果神与我们普通的人一样吃饭睡觉上厕所，就不太被我们所容忍，所以，假如他们实际上没有什么与众不同，那么我们就必须创造出他们的与众不同。古代东方特别擅长这种创造性的想象，即使是历史时期的真实人物，也要附会出与众不同的外貌特点，比如有两个瞳仁、大耳垂肩、两手过膝等，佛的三十二种相也属于这个范围。

让神与人拉开距离，就容易产生神秘感；让神变成怪物，就容易产生恐惧，由此而激发出敬畏心。

这是古人把远祖想象成人与动物合体形象的客观和主观的两个原因。

我们再回到伏羲、女娲。既然中国古人喜欢把远祖想象成一种人与动物的合体形象，那么，中国古人为什么为伏羲、女娲选择了人首蛇身的形象呢？

我们首先来看看伏羲、女娲都做了什么。

《易传·系辞》中说："古者包牺氏（即伏羲氏）之王天下也，仰则观象于天，俯则观法于地，观鸟兽之文与地之宜，近取诸身，远取诸物，于是始作八卦，以通神明之德，以类万物之情。作结绳而为网罟，以佃以渔，盖取诸离。"

概括起来说，伏羲氏一共做了两件重要的事：一件是创制八卦；一件是教人编网，用于打猎和捕鱼。

这其中包含了这样两个重要的信息：

一、按照《说文解字叙》的说法，黄帝时代仓颉造字，"见鸟兽蹄远之迹，知分理之可相别异也，初造书契"，显然是参考了伏羲"仰则观象于天，俯则观法于地，观鸟兽之文与地之宜，近取诸身，远取诸物"的办法。而且，《说文解字叙》在这一段文字之前，一开头就引用了《系辞》中的这段话，在讲仓颉造字之前，先说伏羲创易八卦。由此可见，许慎认为，作八卦，其实就是为创立文字张本，文字的源头来自八卦。八卦用来"通神明之德""类万物之情"，文字同样具有这种功能。

也就是说，伏羲的时代，是文字即将出现但还没有出现的文明蒙蒙亮的阶段。

二、从教人编网这件事看出，伏羲时代还没有进入农耕时代。

农耕文明是从伏羲之后的神农开始的。也就是说，伏羲时代，人尚未完全摆脱丛林，人还与动物有密切的关系。打猎和捕鱼是当时的主要生存手段，即当时尚处在渔猎经济状态。这同样预示着虽然文明即将到来，但也只是刚刚露出了一点曙光，犹如前面所说的江西万年仙人洞遗址所处的那个时代。

那么女娲又做了什么事呢？女娲一共做了三件重要的事：

一是创造了人类。女娲创造人类有两种传说：第一种传说是抟土造人，也就是说人是女娲独立造出来的。第二种传说，就像西方的亚当、夏娃一样，人类是通过伏羲、女娲的交合繁衍而成的。而后一种说法，可以看出中国古老的阴阳思想。

二是补天。在文明草创初期，由于共工的破坏，天塌地陷，世界被完全损坏。就在这个关键时刻，女娲挺身而出，她平息了动乱，并把塌漏的天空补齐。这其中隐藏了人类早期经历过一场大洪水的信息。从古文字学的角度来看，"共工"是"洪江"两个字的本字，二者为古今字，加上"水"字旁就是"洪江"，去掉"水"字旁就是"共工"。江的本义为大水，所以，所谓共工其实就是大洪水的意思。

三是创造了许多乐器。而音乐的出现，象征着人类社会秩序的建立。

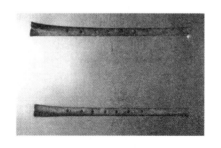

舞阳贾湖遗址出土的骨笛（摘自《舞阳贾湖》）

我们把伏羲和女娲的事迹糅合在一起，则可以看出他们共同完成了以下几件大事：第一，创造人类；第二，通过补天和创制音乐，重建世界和社会秩序；第三，传授人类打鱼、捕猎的技艺；第四，创立文字的前奏——八卦。

由此我们得出结论：首先是伏羲、女娲的原始性；其次是他们正处在蒙昧与文明更迭的边缘，换句话说，他们正处在从动物到人的蜕变过程当中。而蛇是典型的蜕变动物之一，所以，选择人首蛇身，更容易表达出这一层潜意识。

当然，选择蛇的形象，不仅限于这一孤立的原因，因此，我们继续尝试解读一下蛇在伏羲、女娲形象构成中的含义，即蛇被赋予的文化含义。

第一，我们在前面讲过，古人试图利用人对野生动物的恐惧心理，来营造神秘氛围和激发人的敬畏心，因此把先祖的形象想象成人与动物的合体，以达成偶像崇拜的目的。许多动物都具有这种功效，其中比较典型的动物之一就是蛇。

甲骨文"它（蛇）"

"蛇"的本字即此字形一半的"它"字，"它"字在甲骨文和金文中就是一条蛇的象形。《说文解字》说："上古草居患它，故相问无它乎。"意思是说，上古人们居住于草丛之中，也就是我们所说的丛林，一不留神，就可能会踩到蛇，由此带来致命的祸患，所以，那时候的人互相的问候是：今天没有碰到蛇吧？

由此可见，蛇是最容易突然出现的危险。突然出现的危险造成的恐惧带给人的印象是最深刻的，所以蛇被古人列为最恐怖的动物之首。蚩尤的"蚩"字，最初就是上面一只脚，下面一条蛇，会意突然踩到一条蛇带来的恐惧。因此，蚩尤的名字表达出古人对这位战神的恐惧。

古人选择蛇作为伏羲、女娲的身体，原因之一就是看中蛇的这一特点。

第二，蛇是龙最重要的原型之一。我们都知道，龙是华夏民族集体崇拜的图腾。龙的形象集合了多种动物，其主干部分是一条蛇。龙可以视为蛇的变形和升级，伏羲、女娲的形象也是一种蛇的变形和升级。所以，伏羲、女娲的人首蛇身与龙的崇拜合为一体。

第三，在天空炸裂的闪电，其主干扭动弯曲的身姿，像一条闪光的蛇在施法。造字之初，"电"和"申"是同字，而"申"是"神"的本字，所以，在古代中国的观念中，最初的神就是闪电，神创造世界，其实就是闪电创造了世界。在中国的神话系统中，虽然女娲不是创世之神，但是世界重建之神。而伏羲、女娲虽然是人的始祖，但同时也是神。而无论是世间万物，还是人类本身，都是阴阳交感的产物，所以，神也必须有阴阳配对，这是伏羲、女娲同为蛇身的原因之一。

第四，因为蛇常常藏身于阴暗潮湿的地方，所以古今中外的人都把它视为阴性的动物，由此与生殖产生了关系。在现代心理学关于梦境的解析中，经常把蛇当作男根的象征，所以梦见了蛇，往往与性有关。而在中国古代，蛇与女性的生殖有关。

而生育的象征就是交尾，蛇可以相互缠绕，最容易表达出阴阳相交的意象。这是伏羲、女娲以蛇为身的另一重要的原因。

此外，在唐代的伏羲、女娲图中，还有两个重要的元素：一个是伏羲、女娲手持规矩，一个是伏羲、女娲相互缠绕。这两个元素分别具有重要的象征意义。

首先，伏羲、女娲手中所执的规和矩，象征着天地规矩，也就是法则和秩序。唐代的壁画或帛画基本定型为伏羲执矩、女娲执规。有人说伏羲为男性，所以矩象征天；女娲为女性，所以规象征地。可是矩是用来画方的，规是用来画圆的，天圆地方，显然规象征天，矩象征地。那么为什么是伏羲执矩、女娲执规，阳执地、阴执天呢？其实这正是古人的巧思，这种搭配恰好是《周易》泰卦所描述的天地交泰，只有天地交泰，才能化生万物。或者说，男人为女人所画，女人为男人所画，彼此描述，彼此成就。

其次，伏羲、女娲蛇尾相缠，表达的同样是阴阳的交感。但不同的是：规矩代表的阴阳交感，侧重在天地交泰化生万物；而蛇尾的缠绕，侧重的是通过男女的交合而繁衍子孙。

而唐画中还经常出现交尾勾画出的双螺旋，许多人认为这与 DNA 的双螺旋惊人地巧合。当然，这不是说明中国古人早就知道 DNA 的排列顺序，只不过 DNA 的双螺旋符合了宇宙的规律。因此，螺旋其实是在模拟宇宙的运行。

我们知道，宇宙中的天体都是以旋转的方式运动。以地球的运行为例，地球公转的轨道，从二维的平面关系看，是一个闭合的

吐鲁番唐帛画

圆，而放在太阳系移动的四维当中，就变成了螺旋。如果把太阳系作为一个整体也是一样，由于银河系也在旋转移动，所以把太

阳系的运动置于银河系当中去观察，同样也变成了螺旋式运动。

由此可见，旋转引入了时间的维度，在整个宇宙中就呈现出螺旋的形态；而从中国文化的角度，引入阴阳的概念，就变成了双螺旋。这种双螺旋的观念恰恰与 DNA 的排列顺序形态相吻合。

这是中国古人对宇宙规律的根本认知，而不是巧合。

以上，我们从伏羲、女娲人蛇合体形象读解出文明曙光。其实，从伏羲这个称谓当中，也已经透露出文明曙光的含义。

在文献当中，伏羲的写法林林总总，不胜枚举。除了伏羲之外，还有包羲、包牺、庖牺、宓羲、伏戏等，其中包、庖、宓、伏等字，为同音假借；而牺（犧）是羲字加了偏旁的繁化。在第一个字当中，最初的字当为"包"字。"包"篆字字形是一个人腹中有一个胎儿的象形，因此"包"是"胞"的本字。因此，包羲的"包"，代表了人类的胎盘。

甲骨文　　篆　　云梦简　　隶　　楷

而第二个字当中，最初的字当为"羲"字。"羲"是"曦"的本字，意为光亮。"羲"是"義"和"兮"的合体，而光亮的含义，来自构字中的"兮"。"兮"是口中呼出气甚至发出声音的状态，与今天的"啊"字接近。用"兮"表示呼出的气息，用气息表示有生命。而"義"字由"羊"和"我"字构成，"羊"代表的是祭祀中的美味，"我"是一种带锯齿的切割工具，在祭祀当中如何割分羊肉必须遵循一定的规矩礼仪，因此"義"字最初的含义是祭祀当中的礼仪规则，是"仪（儀）"字的本字。"義"和"兮"字合在一起，表达的是礼仪开始具有生命，由此引申出最初的光亮。

甲骨文 1　甲骨文 2　金文　篆　隶 1　隶 2

（義）

甲骨文　金文　篆　隶　楷 1　楷 2

（羲）

那么，把"包"和"羲"合起来，就是孕育着生命的光亮。因此，从"伏羲"两个字的造字来看，表达的正是蜕变中的文明，换句话说，就是文明的曙光。

来自动物王国的祖先

刚刚走出丛林的人类，被丛林的记忆驱役，人、神、动物纠缠不开，因此索性就把人、神、动物整合于一身，顶礼膜拜为祖先。从伏羲到大禹，一直到商、周、秦先祖，都是通过动物与人的形象整合而被赋予神性。

在中国古代，伏羲或者伏羲、女娲的阴阳搭配，被设定为人类人文始祖。清人宋翔凤所辑皇甫谧撰《帝王世纪》中记载："太昊帝庖牺氏，风姓也。蛇身人首……燧人氏没，庖牺氏代之，继天而王。"伏羲，在文献中有包羲、宓戏、庖牺（犠）等不同的写法，皆因古时同音之故。最初的写法当为包羲。

《帝王世纪》这段文字，主要包含了这样几个信息：第一，伏羲氏就是太昊；第二，伏羲氏为风姓；第三，伏羲氏的形象是蛇身人首；第四，伏羲氏的时代是接在燧人氏之后。

太昊为东方之神，"帝出于震"，震代表后天八卦的东方，伏羲与太昊合并，即赋予伏羲以始祖神的地位。伏羲氏的形象为蛇身

宋代马麟《伏羲坐像》

人首，而蛇为龙的基础原型，所以，伏羲氏与东方苍龙合体，再次奠定了他作为华夏始祖的地位。

关于伏羲氏的风姓，则牵涉到另外一个中国古代的想象动物——凤。

造字之初风（風）凤（鳳）同源，或者说"風"本借于"鳳"。

甲骨文"鳳"是"隹（鸟）"字的加强版，在"隹"的基础上多了一个硕大的鸟冠和繁饰的羽毛。或许是因为羽毛的飘逸状，"鳳"也被借作"風"。篆字承接战国文字，"鳳""風"二字分化，"鳳"字仍用原字，而"風"义符改为"虫"，分别表达百鸟之王和自然界中的风。

甲骨文1　甲骨文2　金文　篆1　战国简　篆2　隶

甲骨文中的这一字形多用于"风"的含义，甲骨文1当是原始字形，甲骨文2多了一个"凡"字，或可理解为声符，金文中也有类似字形。战国文字中出现了专用的"风（風）"字，篆字"風"与战国文字同构，由借用"鳳"字变成了由"凡"和"虫"构成的形声字。隶变之后，沿袭了篆字的字形。

由此可见，风姓当与凤有关。也就是说，在伏羲氏的图腾崇拜中，除了蛇、龙之外，还有百鸟之王的凤。换句话说，伏羲氏来自动物王国的龙与凤。

在后代中国，龙与凤被赋予阴阳不同的属性，同理，人类始祖也必须有阴阳相配，因此女娲就成为必需品。有了伏羲、女娲的搭配，那么中国古代人文始祖就有了阴阳的完整性。而作为形象上的搭配，女娲也必须是蛇身人首形象。所以，从汉画像石开始，伏羲、女娲如果同时出现，就都以蛇身人首为基本形象。

关于伏羲、女娲，本书已有专文讨论，所以在此不再展开。

继伏羲氏之后，在远古圣王的谱系中是神农的登场。

从神农之名可以看出，神农当与农业有关。也就是说，从神农开始，农耕文明就被确立起来。可以说，至此，人的活动范围与动物活动的丛林已经判若两地。尽管如此，接下来人类的始祖仍然与动物有关。

那么，神农与哪一种动物有关？《帝王世纪》说："神农氏，姜姓也。母曰任姒，有乔氏女，名女登，为少典妃。游于华阳，有神农首感女登与尚羊，生炎帝，人身牛首，长于姜水，因以氏焉。"而另外一则记载则说："炎帝神农，母曰任姒……游华阳，有龙首感之，生神农于裳羊山。"

这两段文字说明，《帝王世纪》把神农与炎帝合并为一人，或者确切说二者至少为一族。或者神农为某一部族，相当于一个朝代，而炎帝为其中一人，是神农王朝的末代王。关于神农的身世，与其他古史圣王一样，是由其母有感于神灵而生。一般认为这是母系社会记忆的残留。神农之母任姒所感之神，乃为龙首，因此神农同样是龙的传人。也就是说，神农形象中的动物来源也有龙的因素。

《帝王世纪》描述神农炎帝是人身牛首，所以神农的形象还来自牛。牛是农耕中最重要的动物，这与神农的身份相匹配。但神农之姓，却又透露另外一个信息，那就是神农之祖与游牧也有关联。《帝王世纪》认为，神农炎帝为姜姓，原因是"长于姜水，因以氏焉"。以地名、水名为姓，这是古代文献中的通例。其实这里面透露了远古的另外一些更重要的信息。先秦时期，男人称氏，女人称姓，目的是确保同姓不婚而将女性母族标识清楚。而其中更深层原因是远古时期知其母不知其父，所以很可能姓最早来自母族。"姓"字由"女""生"构成，即"女生也"，因此，所谓"姓"，就是标明是哪一个母族所生。因为这个缘故，最古老的姓，常以"女"字作偏旁，如姬、姜、姚、妫、妘、嬴等，而像姚墟、姬水这样的地名、水名正是来自活动于这一区域的部族的姓。也就是说，应该是先有姓的称谓，而后才有地名、水名。

姜，也是一样，应该是先有姜姓，而后有姜水之名。那么，姜是从何而来的呢？

"姜"字上"羊"下"女"，用现在的话说，差不多就是牧羊女。那么如果是牧羊的男人呢？这个字就是上"羊"下"人"的"羌"字。

甲骨文1　甲骨文2　金文1　金文2　篆　　隶　　　楷

从字形上看，"羌"的本义是牧羊人，古代指活跃于中原之外西部一带的牧羊民族。从甲骨卜辞中可以看出，殷商王朝经常和羌之间发生战争，这种情况持续到后来的周朝。中原王朝经常用俘虏的羌人作为祭祀和殉葬的牺牲，等同于牛羊等家畜，这就是三代时期残酷的人牲、人殉制度。

如果把"羌"中的"人"字换成"女"字，这个字就是"姜"。

甲骨文　　金文　　篆　　　隶　　　楷

由此可见，姜姓最初很可能来自古羌族。也就是说商周时期及其以后的羌人，或许与神农氏在远古时为同宗。

从姜姓起源来看，神农氏或许来自游牧民族，但到了神农时期，以放羊、放牛为基本生产方式的一部分先民，开始转向农耕。因为他们拥有牛的畜力，所以，当他们进入农耕文明之后，比原有的刀耕火种的原始农耕部落具有压倒式的优势，农耕文明由此迅速进入昌明阶段。姜姓以羊为标志的特点转变为神农以牛首人身为标志的特点，或许昭示了游牧到农耕的转变。不过即使进入农耕文明之后，牛和羊在人们生活中的地位也并未被弱化，只是农耕文明不再以牛羊为代表性特征。

至此，我们可以得出结论，神农炎帝的形象至少来自龙凤与牛羊的混合，一类在神秘的想象当中，一类就来自古人的身边。

神农炎帝之后，就是每一个中国人都熟知的黄帝。《史记》的记载是从黄帝开始的，可见，司马迁应该是把黄帝的事迹当作信史看待的，虽然我们目前从考古资料中还找不到确实的证据，但司马迁修史时一定有比较可靠的文献支撑，所以我们应该选择相信《史记》。《史记》重点记载的是黄帝先战炎帝、后战蚩尤的统一战争，以及巡视四方、治理天下的行迹，看起来确实像信史，而关于黄帝的身世，我

神农尝百草

们能得到的信息则多来自《史记》"三家注"转引的远古传说。

根据三家注记载的传说，黄帝的出生与其他帝王一样，是母亲"之祁野，见大电绕北斗枢星，感而怀孕，二十四月而生黄帝于寿丘"。可见，黄帝母亲怀孕，感的是"大电绕北斗枢星"。"枢星"即北斗七星中勺体尖上的天枢星，因为北斗一年四季绕天顶一周，古人靠斗柄指向的方向判断季节，另一端的天枢星靠北极最近，是北斗旋转最内侧的点，所以天枢星等同于控制整个北斗的核心。而"大电"正是缠绕了这颗星之后感孕了黄帝的母亲，由此为黄帝后来成为天下共主找到神学依据。

但这个"大电"显然不是动物。所谓"大电"，就是超巨大的闪电，而龙形象的生成，有学者认为有闪电的成分，从这个角度看，黄帝与神农炎帝一样，血统中也有龙的成分。而关于黄帝的母亲，《史记索隐》引《国语》说："少典娶有蟜氏女，生黄帝、炎帝。"有蟜氏的"蟜"字，字书一般只解释为"虫"，是什么样的虫，则没有展开。这个"蟜"字，右半部分为"乔"，是高大而弯曲的意思，所以，高大弯曲的虫，应该与蟒蛇相近，这也与龙有关。所以，黄帝的面相为"日角龙颜"。

与黄帝相关的动物还有熊和鸿，因为黄帝"号曰有熊氏"，"又曰帝鸿氏"。所谓有熊氏，当是与熊有关的部落。而帝鸿氏又说明，黄帝部落内或许也有崇拜鸟的习俗。

黄帝的统一战争最著名的有两次：一次是阪泉之战，一次是涿鹿之战。

阪泉之战的对手是日趋没落的炎帝部落。《史记》记载，黄帝"教熊罴貔貅貙虎，以与炎帝战于阪泉之野"。可见，黄帝是依靠训练的六种动物打败炎帝的。这六种动物分别是：熊、罴、貔、貅、貙、虎。一头一尾的熊和虎是常见动物，而其他动物今天的人不是很熟悉。罴，《史记正义》认为是一种黄白色的熊。所以熊罴是一类动物。貔，《字林》说"似貍而大。一云似虎而五爪"，应该是比貍大比虎小的看起来属虎一类的动物。所以貔虎是一类动物。中间的貙和貅历史上有许多不同的解释，很难定性，大约类似狐狸一类，一般现在都是貙貅连用，成为一种辟邪动物的名称。

那么，如何理解黄帝训练六种动物用于战争呢？一般认为，这是黄帝率领六个不同图腾的部落作战；或者这六种动物代表的是以六种不同动物作为标志的六个方阵，不同方阵的士兵戴有不同动物的面具。不管是哪一种解释，都说明那个时代人与动物的混一性。

黄帝统一战争的第二战是涿鹿之战，对手是战神蚩尤。

蚩尤的"蚩"字，上面部分应当是一只脚的变形，即"止"字的变形。在甲骨文中有一个上面一只脚，下面一条蛇的字形：

汉画像石中的黄帝

这个字形很可能就是"蚩"字的由来。以此为证，蚩尤或许也是蛇部落。由此可见，黄帝、炎帝和蚩尤，都是龙的传人。

那么，史书上是如何记载蚩尤的形象呢？《史记正义》引《龙鱼河图》说："蚩尤兄弟八十一人，并兽身人语，铜头铁额。"蚩尤族的八十一个兄弟也都是兽。

黄帝与蚩尤的涿鹿之战遇到了麻烦，所以传说"天遣玄女下授黄帝兵信神符"，才打败了蚩尤。《云笈七签》说："九天玄女者，黄帝之师圣母元君弟子也。"可见，黄帝能够最终战胜蚩尤，不仅依靠人力，而且还依靠神力。这也是为黄帝的正统地位找神学依据。

《帝王世纪》还记载了一则黄帝时代一种动物的出现："黄帝服斋于中宫，坐于玄扈。洛上乃有大鸟，鸡首、燕喙、龟颈、龙形、麟翼、鱼尾，其状如鹤，体备五色，三文成字，首文曰顺德，背文曰信义，膺文曰仁智。不食生虫，不履生草，或止帝之东园，或集阿阁。其饮食也，必自歌舞，音如箫笙。"

"鸡首、燕喙、龟颈、龙形、麟翼、鱼尾"，五种动物的特征汇集到一只鸟的身上，我们在脑海里瞬间就搜索出我们所熟悉的形象——凤凰。身体的羽毛兼青赤黄白黑五色，说明五行具备。不仅如此，这些色彩还勾勒出三组文字，分别是：头文顺德，背文信义，胸文仁智。顺德、信义、仁智，实际上就是对黄帝时代的褒扬。除此之外，凤凰还自带歌舞和乐器。这与孔子感叹的"凤鸟不至，河不出图"的礼崩乐坏时代形成了鲜明的对比。

按照《帝王世纪》的说法，黄帝美好时代的继承者是少昊。少昊氏承接黄帝时代，是黄帝之子。但《史记》并没有采用这个说法，而是以黄帝之孙、昌意之子颛顼，直接承接于黄帝之后，省略了少昊时代。至于其中的原因，或许在《左传·昭公十七年》郯子的一段话中可以找到线索。

鲁昭公十七年，郯子来访鲁国，昭子向郯子请教少昊氏以鸟名官的事，结果郯子滔滔不绝地讲了一大段话，其中重点就是少昊氏如何以鸟名官。郯子说："我高祖少皞挚之立也，凤鸟适至，故纪于鸟，为鸟师而鸟名。凤鸟氏，历正也。玄鸟氏，司分者也；伯赵氏，司至者也；青鸟氏，司启者也；丹鸟氏，司闭者也。祝鸠氏，司徒也；鴡鸠氏，司马也；鳲鸠氏，司空也；爽鸠氏，司寇也；鹘鸠氏，司事也。五鸠，鸠民者也。"

从这段记载上看，郯子作为东方的诸侯小国，自称是少昊氏之后，所以，当年的少昊氏之立，未必是天下共主，而是被作为东夷人祖先统治东方地区。这或许是《史记》忽略少昊时代的原因。

郯子的这段话讲述了少昊氏以鸟的名字命名官职的原因及具体情况。少昊氏立为王时正好有凤鸟到来，为了纪念这一祥瑞现象，所以以鸟纪官。这些官职一共包括十种鸟，分别为五鸟五鸠。五鸟为凤鸟、玄鸟、伯劳、青鸟、丹鸟，以凤鸟为首，主要负责历法；五鸠为祝鸠、鴡鸠、鳲鸠、爽鸠、鹘鸠，主要负责国家政务管理。

由此可见，少昊氏之族是以鸟为图腾。这与东夷人以鸟为图腾正好相符，所以把少昊氏视为东夷人之祖，是有道理的。

少昊氏之后，中间经历颛顼、帝喾，就进入唐尧时代。

"尧（堯）"字由三个"土"字和一个变形的人组成，可见唐尧应该是一个崇拜土地的部族，这从一个侧面反映出农耕在人们生活中的重要性。

那么，尧与哪些动物有关呢？

关于尧的出生，《尚书序正义》说："庆都观河，遇赤龙，晻然阴风，感而有孕，十四月而生尧。"意思是：尧的母亲庆都观黄河的时候遇到一条赤龙，天突然暗下来并起一股阴风，庆都因此而怀孕，十四个月后生下尧。

由此可见，尧依然与龙相关，同样是龙的传人。之所以是赤龙，是因为从神农的火德往下排，到尧这里是一个五行的轮回，正好也是火德。

　　那么，尧的长相有什么特点呢？《帝王世纪》说，尧的长相是："鸟庭荷胜，眉有八彩。"鸟一样的天庭，荷花状的头饰，眉毛是八种颜色。天庭如鸟，所以尧又与鸟发生了联系。

　　尧的时代还曾经发生过一次大事，就是十日并出。十个太阳同时出现在天空，无疑给人间带来了巨大的灾难。为了拯救人类，一个英雄人物隆重登场，这个人就是东夷人的统领——羿。

　　当灾难出现的时候，尧首先想到了羿，委派他去解决这个问题。那么，羿为什么有能力解决这个问题呢？原来，羿是东夷族的首领，而东夷族的特征是善射。古东夷族大约分布在淮河之北到山东的大部分地区，从考古资料来看，山东龙山文化遗址出土了大量做工精美的石镞；从古文字角度来看，比如齐地的"齐（齊）"字，甲骨文就是三支箭头并发的象形，而鸟的获取多是通过射箭，有一种带有缯缴的箭就是专门用来射鸟的。因为这层原因，所以东夷族其实是崇拜鸟的部族，这在郯子论以鸟纪官中也得到了证实。羿的名字，就是双手捧着羽毛，其实就是手持羽箭的象形。

甲骨文　　金文1　　金文2　　篆　云梦简　　隶　　　楷

　　那么，鸟与十日并出又有什么关系呢？原来，在古人的观念中，每一个太阳都是被一只乌鸦驮着飞行的。

　　因此，羿射中驮日飞行的乌鸦，就等于射落了太阳。结果羿不辱使命，射落了十日中的九日，从而拯救了人类。

　　唐尧时代之后，就是著名的虞舜时代。

舜之所以称作虞舜，是因为他的封地为虞，所以也称作有虞氏。虞字由"虎"和"吴"字构成，"虎"省略为虎头，二字相叠即成"虞"字。而"虞"字，《说文解字》解读为："驺虞，白虎黑文，尾长于身，仁兽，食自死之肉。"也就是一种白色黑花纹的老虎，而且虎尾长于虎身。与普通老虎不同的是，它是一种仁兽，正与大舜的品格相契合。

与舜相关的动物还有大象。据说舜耕于历山时，用来耕作的动物就是大象。再则，舜的那个顽劣的弟弟就叫作象，很可能象征象族部落的首领，最后被舜的仁德驯服。

因为传说舜居妫汭，所以据说妫姓也来自舜。"妫"字以"为（爲）"字为本字，而"爲"字甲骨文字形即一只手牵象，说明妫姓很可能来自一个驯象的部族。

舜的时代有几个重要的大臣，比如禹、契、稷、伯益、夔、龙、朱虎、熊罴等。其中禹、契、稷、伯益分别为夏、商、周、秦的祖先，而夔、龙、朱虎、熊罴等都是以动物命名。

舜的时代代表了一个和谐而和平的时代，所以舜很少使用战争手段。黄帝时代是用百兽为兵，战胜了炎帝，而舜则是利用百兽作乐舞。舜所制作的韶乐不仅有"百兽率舞"，而且还有"凤凰来仪"，反映了一个秩序井然的唯美世界，因此导致孔子听到韶乐后陷入痴迷状态，并发出尽善尽美的感叹。

可见人与动物或者说人与自然的和谐，是让孔子无限神往的境界。

舜到晚年，效法前任尧的做法，把天子之位禅让给夏禹。

那么，夏禹来自什么动物呢？"禹"字其实就是一条蛇的象形。《帝王世纪》说，禹的母亲是修己。修是长的意思，己则是一条长蛇的形象，因此，所谓修己，应该也是指长蛇。所以禹依然是龙的传人。

夏禹的父亲叫作鲧，也是虞舜时代的要臣。"鲧"字也写作"鲧"，而所谓的"鲧"就是玄鱼，其实就是甲鱼或者龟。因此鲧和禹都是水族。这也许是当初舜让鲧和禹父子先后治水的原因。但父子两人的命运各不相同，鲧治水失败，遭到了惩罚；禹治水成功，最终拥有了天下，并开创了夏王朝。

夏王朝之后的商周祖先，也都与动物有关。

《诗经·商颂·玄鸟》说："天命玄鸟，降而生商。"意思是商的祖先来自玄鸟。玄鸟就是燕子。因为商来自东方，与夷人邻近，所以也是以鸟为图腾。传说商的祖先契，是母亲简狄捡了一只鸟蛋吃到肚子里怀孕所生。所以契是玄鸟的子孙。

周的祖先后稷，名字叫作弃。而得名的由来是母亲姜嫄在野外踩了巨人的大脚印而

汉画像石中的大禹

导致怀孕，所以生下孩子后并不想抚养，一心想把他扔掉。但扔了三次，都没有扔成。最后一次扔到冰面上，结果被飞鸟用羽翼裹护，救下了性命。由此一来，姜嫄感觉到这个孩子或许不是一个凡人，于是抱回家中抚养成人。

由此可见，从伏羲氏到商周圣王，几乎无一不是来自动物王国。从远古到整个造字时代，人、神、动物之间界限并不十分明显，都是自然的一部分，人、神、动物彼此不分，和谐共处，共同构成了我们所生活的世界，这也是中国古代天人合一思想的源泉。

龙出东方——虚幻的真实

自古至今，如果说选一种中国人最熟悉的动物，恐怕非龙莫属，而有趣的是，龙却是这个世界上根本不存在的一种想象出来的动物。这既可以说是一种奇怪的文化现象，但同时也恰恰印证了华夏民族的文化特性。

关于龙，我们就从《周易》对天象的模拟开始说起。

犹如龙一样，《周易》也是华夏民族的一个文化符号。那么，《周易》的开篇是从哪里开始的呢？《周易》是从乾卦开始的，乾卦就是《周易》的第一卦。

乾卦的卦爻辞非常简略，即使加上卦名、爻题，不过也只有七十个字左右。

乾，元亨利贞。

初九，潜龙勿用。

九二，见龙在田，利见大人。

九三，君子终日乾乾，夕惕若，厉，无咎。

九四，或跃在渊，无咎。

九五，飞龙在天，利见大人。

上九，亢龙有悔。

用九,见群龙无首,吉。

这就是《易经》乾卦的全部内容。撇去卦辞,从初九到用九的爻辞,几乎都是在描述龙从出现到沉没的全过程。那么,乾卦描述的这条龙真的只是一种虚幻的想象吗?回答是否定的。因为乾卦描述的龙是古人亲眼所见,只不过这条龙是在天上,那是一组庞大的星群。

古人把周天黄道附近的星宿划分成四个大的区域,并把它们想象成四组动物,分别是东青龙、南朱雀、西白虎、北玄武,古人称之为"四象"。每一组有七个星宿,合起来是二十八星宿。古人用黄道附近这二十八个星宿的位置来判断季节的变化。

在中国古人的观念中,时空一体,因为春季青龙升起于东方,所以青龙既代表春季,又代表东方。组成青龙的七个星宿分别是:角、亢、氐、房、心、尾、箕。从角到心再到尾,古人把这一组星宿看成了一条横亘于夜空的巨龙。

在中国古人的观念中,龙代表着最大的阳,是阳气的典型代表,所以,龙也成为至阳、纯阳的乾卦的象征。

那么,乾卦爻辞是如何与龙在天空的位置亦即季节变化相对应呢?

首先是初九爻的"潜龙勿用"。

从二十四节气的角度,冬至代表了一阳始生或者一阳来复。但从冬至到惊蛰,阳气处于潜伏阶段。这一段时间内,虽然阳气在不断地上升,但是我们的体感还是以寒冷为主。整条龙潜伏在地平线之下,所以是"潜龙勿用"。

而到了惊蛰之后,也就是民间所谓的二月二"龙抬头",黄昏之后,慢慢地龙角开始出现于东方。由于岁差的原因,今天我们

十二消息卦图

看到的"龙抬头"其实要比两千年前晚了一些。而龙角出现于地平线之上，正是乾卦九二爻描述的"见龙在田"。对这个"田"一般有两种理解：一种理解是"田"代表了地面，龙角升起于地平线，就是"见龙在田"；一种理解是在大角星和角宿一这两颗亮星之间有天田，当龙角出现于东南方的时候，天田也同时显现于天，这也是"见龙在田"。

九三爻对应的是龙半现于天空，但九三爻的爻辞把龙改成了君子："君子终日乾乾，夕惕若，厉，无咎。"这句话的重点在"终日乾乾，夕惕若"，这是阴阳两种不同情况的不同应对策略：终日为白天为阳，所以是"乾乾"的状态，"乾乾"就是"健健"，即努力作为的样子；夕为晚上为阴，所以是"惕若"的状态，即小心谨慎的样子。而君子对应的就是龙，阴阳对半的应对，说明的是龙的半隐半现。

九四爻的"或跃在渊"，虽然无龙字，但毋庸置疑说的还是龙。这时候龙的全形已经显现于天，乾卦也从下卦跃升于上卦。

尽管已经跃升于上卦，但还是处在上卦的最下爻，所以是"渊"。对应于天上的那条龙，是尾宿处在天河之中，而且是在天空中一个相对低的位置。

九五爻是乾卦的主爻，也就是今天的人仍然非常熟悉的九五之尊。这一爻的主爻辞是"飞龙在天"，表达的是这条巨龙完全显现于南天的正中。那么，它所对应的是什么时节呢？原来就是端午节。

端午节就来源于对南天正中这条巨龙的祭祀。

龙灯　　　　　　　　五铢钱

那么，端午两个字是什么含义呢？首先是"端"字，《广雅·释诂一》说："端，正也。"

"午"字甲骨文字形为"$\}$"，用绞丝对拧的象形象征交午。而端午这一天是夏历的五月初五，"五"处在九个数的正中，"午"则处在十二地支的正中，所以"五"和"午"在正中的含义上撞在了一起。不唯如此，其实造字时代这两个字也是紧密相关的。

我们看"午"的字形是绞丝对拧，如果把这个字形在上下最宽处横裁一刀会变成什么？截取下来的部分原来就是"Ⅹ"字，即原始的"五"字，直到汉代的五铢钱还在用这个字形。

所以，"五""午"表达的都是正中，那么端午也就是正中的意思。

　　而端午的正中说的是什么在正中？原来正是由角、亢、氐、房、心、尾、箕七个星宿组成的巨龙在正中。所以，端午节其实就是古代的龙节。由此一来，我们就不难理解为什么端午节要赛龙舟，而且还有许多与龙有关的民俗活动。

　　即使是后来加入了纪念屈原的元素，也与龙相关，民间传说粽子的缘起就是为了避免水中蛟龙与屈原争食。

　　可见，端午节是中国古人最隆重的祭龙活动。

　　在《周易》乾卦当中，最后一爻是上九爻，爻辞是："亢龙有悔。"

　　从字面理解，"亢龙"就是处于高位的龙，"有悔"的"悔"通"晦"，也就是开始发暗，"亢龙有悔"就是物极必反，因为上升到最高处后便会开始走向反面。

　　不过，对应于天上的青龙，则应该是一个非常具象的情景。青龙七宿中处在第二位的是亢宿，亢代表颈部，那么"亢龙有悔"代表的就应该是亢宿开始下沉的状态。同样也是一种达到至高点后的转折。

　　用九，是只有乾、坤两卦才有的爻辞（坤卦是用六），"见群龙无首"，从乾卦本身来看，是指六爻皆为龙，所以是群龙，六爻不过是龙的不同位置而已，并不分高低。而在天象上，"群龙无首"则代表了龙首下沉至地平线之后的情景，这时候已经是秋天了。当秋风吹来的时候，农耕民族迎来了收获的季节，所以是"见群龙无首，吉"。

　　由此，对应天象，那么乾卦的爻辞就完成了从春季到秋季的全过程。

　　而在古代，春季至秋季代表了庄稼从种到收，古人把这个周期称作"年"。甲骨文的" （年）"字就是一个人把沉甸甸的谷子背负回家的象形。

　　因此，我们可以看出龙对一个农耕民族有多么重要。而龙的文化属性，正是来自农耕文明。

　　我们通过《周易》和端午的解读，对龙有了一个初步的认识。那么作为"龙"的造字，古人又是在描述什么呢？现在隶定的"龙"有两个主要的字形，一个是"龍"，一个是"竜"，汉字中习惯用"龍"字，而日语中习惯用"竜"字。比较两个字形，其中"竜"字更接近甲骨文和金文的字形，而"龍"的字形出现得要晚一些。

　　以下是从甲骨文、金文到今字的字形：

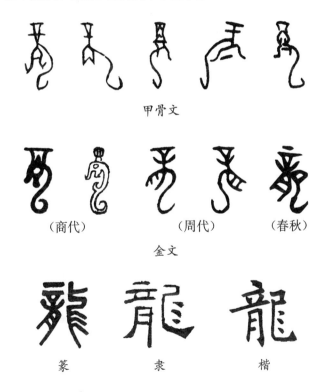

甲骨文

（商代）　　（周代）　　（春秋）

金文

篆　　隶　　楷

　　商代的金文极为形象，其实就是龙的简笔画，头大尾细，形象可爱。甲骨文因为也是商代的产物，所以基本形象是一致的，只是出于刻画的原因，变成了线条，图案化程度有所下降而已。

　　从早期的"龙"字来看，龙的形象具备了三个特点：一，头上有一个非常突出的冠；二，头部夸张，嘴巴张得很大；三，身体像蛇一样弯曲。

　　头上突出的冠，应该代表的是众灵之长，这个众灵应该把人类也包括在内，所以即使是人也应该向龙臣服。也有学者认为龙头上的是"辛"字，也就是施刑时候的刑具，并引申为雷霆对众生的惩罚大权，由此证明龙的形象来自雷电。龙的形象来源之一，的确不排除有雷电，但龙头上的"辛"字未必是证据，因为虽然周代以后的金文，龙头部分似乎像"辛"字，但甲骨文和商代的金文，头上的字形多样化，并不仅仅有类似"辛"的字形，所以解释为各种各样的冠更为妥当。而且头上的冠并不是另外戴了一个冠，而是自然生长的肉冠。

　　从这些早期字形看，好像肉冠很重要，龙角则并不是必备品，这与后代的龙有所不同。

　　至于张开的嘴，表达的应该不是吞噬的功能，而是吐气生阳，化成万物的功能。也就是代表天的肇始功能，正如《周易》乾卦《象传》所说："大哉乾元，万物资始"，"首出庶物，万国咸宁"。但这张张开的嘴，由于在金文字形中近似于"肉"字，所以后来讹变为"月（肉）"的字形。"龍"的左半边在隶定时，就变成了上面是减省的"辛"字，也就是"立"字，下面是"月（肉）"字。

　　龙的第三个特点是像蛇一样弯曲的身体。这在甲骨文、商代金文到周代金文当中不会存在异议，但从春秋时代开始，或许是为了字形结构的完美，这个蛇身与字形中的其他部分分离，变成了一旁的"巳"字。而早期的"巳"字有两个相关的含义：一是蛇形，二是像蛇一样的胎儿之形。与表达胎儿之形的"厶"字不同的是，"厶"字是头在下尾在上，"巳"字是头在上尾在下。"厶"是"台"的本字，而"台"是"胎"的本字，从"厶"到"台"，然后到"胎"，是一个符合汉字发展规律的繁化过程，而这个头朝下的"厶"字作为"巳"字倒字，正反映了胎儿发育期当中的一个像蛇、像蝌蚪、像鱼的阶段，而且因为胎儿分娩时往往是头冲下，所以出现了这样一个字形。

其实正立的"巳"字，也是"子"字的一个省略，表示四肢还有展开的发育阶段，既可以是胎儿，也可以是包裹在襁褓里的婴儿。而这个"巳"字，还是祭祀的"巳"字的本字。

金文的"厶""巳""子"

所以，"巳"字既是蛇的象形，也是婴儿的象形，甚至在龙的造字当中，也可以与祭祀相关联。那么，从春秋以后的这个"龍"字，同时也兼有了与祭祀相关联的含义。

而在篆字之后，"龍"字就已经繁化为全形的"龍"了，添加的三个撇总括了许多含义，比如鬣鬃、鳞片、飞翼等。

那么，完整的"龍"形，应该是个什么样子呢？

《尔雅翼》说："角似鹿，头似驼，眼似鬼，项似蛇，腹似蜃，鳞似鱼，爪似鹰，掌似虎，耳似牛。"

按照《尔雅翼》的说法，龙综合了九种动物：头上角像鹿角，整个头部像骆驼的头部，眼睛像鬼的眼睛，脖子像蛇，腹部像海中的蜃蚌，鳞片像鱼，爪子像鹰，还有虎掌和牛耳。这简直是一个动物的大杂烩，天上飞的海里游的陆地上跑的，应有尽有，所以是众灵之长。比较甲骨文和金文等早期字形，主要多出了角、鳞片和爪子。

沈阳故宫木构建筑上的龙

那么，撇开字形，单讲龙这种想象中的灵物，来源到底是什么？这个争论可以说由来已久，有动物，也有自然现象。

从动物的角度，最基本的还是蛇，其实自然现象的来源也是与蛇的意象相关。其次是蜥蜴或者鳄鱼，之所以有蜥蜴或鳄鱼之说，与龙爪有关，因为蛇是没有脚的，而蜥蜴和鳄鱼有四肢。但从出土的新石器时代玉器来看，龙的形象还与一种动物有关，这个动物就是猪。

我们举这样两个例子：一个是新石器时代的玉龙，尤其是以红山文化的玉龙为典型；一个是出土于四川竹瓦街窖藏的西周盘龙盖钮青铜罍。

北方辽河流域为中心的红山文化，以出土的大量玉器而闻名于世。其中最为典型的就是所谓的"玉猪龙"。这种玉器大体呈现为"C"形，由一个兽头和一个弯曲的身体构成，因为头尾之间多不连接，犹如环形玉器中有缺口，所以类似于后来的玉玦。

兽头部分吻部平齐，与猪完全吻合，头尾组合在一起，就是一种猪首蛇身的动物，所以俗称"玉猪龙"。因为这是一种非常普遍的器形，所以，这种形象至少是红山文化对龙的一种认知。细长型的"C"形龙，往往后背上还有类似猪鬃的鬣鬃，也是猪的一种元素。

红山文化玉龙

四川竹瓦街窖藏出土的西周盘龙盖钮青铜罍，器盖上的盘龙同样是平齐的吻部，看起来就像猪首的模样，所以，这也是猪龙的形象，而且后背也有类似猪鬃的鬣鬃。

这两处猪龙，一南一北，时间上则一个是史前时代，一个是历史时期，从而证明，这种猪首龙的认知，是一种普遍认知。

所以，至少在某一段历史时期，猪也是龙的形象来源之一。仔细观察今天的龙首，也较为平齐，而且有背后的鬣鬃。

龙的形象来源的另一种动物就是鱼，主要表现在龙鳞。但蛇和鳄鱼也有鳞，所以，龙鳞也是蛇、鳄和鱼共同的特征。

西周盘龙盖钮青铜罍

　　那么，说明龙来源于鱼还有什么比较可靠的证据吗？这个证据应该就是龙须。而这个龙须的出处应该来自特殊品种的鱼——鲤鱼。鲤鱼是一种有须的鱼，而且须是鲤鱼重要的特征之一。民间有鲤鱼跳龙门的传说，而且这个传说应该比较古老。李白有诗说："黄河三尺鲤，本在孟津居。点额不成龙，归来伴凡鱼。"

　　龙门代表了一种境界，跳过龙门就是龙，跳不过龙门就还是鱼。这是龙可以通过进化而达成的观念。

　　那么，从自然现象的角度来看，龙的形象的来源又有哪些呢？大约可以概括为星象、雷电、彩虹和龙卷风。

　　首先是星象。我们在一开始已经讲过，龙最初来源于古人对天象的观察，从角宿到箕宿，黄道附近一条长长的星带，古人把它想象成一条长龙，并用它的位置变化来指导农业。

　　其次是雷电。雷电有几个特点与龙相关：一，闪电出现于天空，一般有一条主脉，而且主脉弯曲而变动，所以非常像一条刺眼的游龙。二，伴随着闪电有巨大的轰鸣声，这应该是古人平时听到的最为巨大和恐怖的声响。三，雷电有巨大的能量，可以劈倒大树或高大的建筑物，甚至烧死动物或者人，能量巨大，又是瞬间爆发，看起来像是天神的愤怒，非常神秘。

天空中的雷电

　　然后是彩虹。彩虹被古人想象为一种双头龙，是龙把头探下来饮水造成的。甲骨文中有一段关于虹的记载：

　　　　王占曰：有祟，八日庚戌有各云自东，贯晦。昃，亦有出虹自北，歙于河。

大意是说：王占卜之后说，有祸患。八日之后的庚戌日，有浓云从东方而来，整个天空都暗了下来。太阳偏西以后，有虹从北方而出，饮水于黄河。

甲骨卜辞中的"虹"

这里的虹字字形就是一条拱形的龙，两头各有一个龙首。卜辞中的这条双头龙，一头在北方，一头在黄河中喝水。

在中国古代常见一种双龙首的玉璜，应该就是对彩虹的描绘。

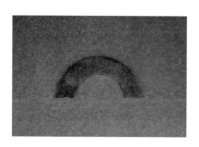

古代玉璜

《诗经》当中称彩虹为蝃蝀，也是把它想象为一种动物。而《周易》离卦中的爻辞，其实也讲到彩虹的事，而"离"是"螭"的本字，是一种无角的龙，在离卦爻辞中代表了彩虹。《诗经·蝃蝀》所说的"蝃蝀在东"，正好与离卦爻辞所说的"日昃之离"相吻合，都不是一种好的兆头。所以"蝃蝀在东"的下一句是"莫之敢指"；而"日昃之离"的下一爻爻辞是"突如其来如，焚如，死如，弃如"。

最后是龙卷风。龙卷风从远处看也像是一条游动的龙，而且有令人感到恐怖的破坏力，所以，也很可能被古人当作一种龙发威的表现形式，从名字当中就可以看出这其中的渊源。

以上是对龙形象来源的探讨。其实在古代龙的形象并不是千篇一律的，其中有时代的原因，有地域文化的原因，也有对龙不同种类理解的原因。《广雅》把龙分为五个种类，分别是："有鳞曰蛟龙，有翼曰应龙，有角曰虬龙，无角曰螭龙，未升天曰蟠龙。"

蛟龙是一种有鳞的龙，我们知道龙既可以沉潜于水，也可以飞升于天，而蛟龙主要是水中之龙，可以视为众鱼之长，所以有鳞。

应龙应该是一种真龙，最早见于《山海经》，曾经杀蚩尤、夸父，所以有杀伐的功能。

虬龙的特点一般认为是有角，但《抱朴子》认为："母龙曰蛟，子曰虬。"也就是幼龙为虬，与有角无角没有关系。关于"虬"字，现在一般用它的"蜷曲"义。

螭龙，前面说过，与彩虹有关。通常的龙是青色，而螭是黄色。《周易》离卦六二爻爻辞说："黄离，元吉。"说的就是黄色的螭。而玉璜为彩虹形，常作双头龙形，多为黄色，所以称作"璜"。

最后的蟠龙，是盘踞于地的形象，所以是没有升天的龙。前面说过的青铜罍盖上的龙就是这种龙。

那么，龙又有哪些超凡的能力呢？

《说文解字》说："能幽，能明，能细，能巨，能短，能长；春分而登天，秋分而潜渊。"也就是说龙能有各种变化，或隐身或显露，能大能小，能短能长，而且上可以升天，下可以入水。

其实古人祭祀龙、崇拜龙，更多的原因是它的功能。因为龙飞于天，所以象征着天，是天地万物肇始之神。又因为龙可以下潜入水，是水中之王，主宰人间的水，而天上的水为云，云降而为雨，所以，云雨就由龙来操控。如果想祈雨，就需要祷告于龙。因此龙也是雨神。

中华第一龙（濮阳西水坡蚌塑龙）

那么，我们从"龙"字的构造、龙形象的来源、龙的分类以及功能等，可以读取哪些龙的文化含义呢？

首先，龙在中国古代，是造物主的化身。

在《易传》对乾卦的解读中，龙被当作天的象征。而在《周易》和《老子》的解读体系中，天是道生一的那个一，是万物之始。天是万物之始，而龙是天的象征，那么龙就成为生成万物的那个源头。中国古代还有"天一生水"的观念，而龙又是水中之长，由此更加巩固了它肇始之神的地位。

从龙对于自然现象的取象当中，雷电被视为来源之一。而雷电也被古人视为创造生命的缘起，《周易·系辞》说："刚柔相摩，八卦相荡，鼓之以雷霆，润之以风雨，日月运行，一寒一暑。乾道成男，坤道成女。乾知大始，坤作成物。"说的就是生命来源于雷电的过程。

而人文始祖伏羲、女娲，我们知道就是人首蛇身的形象，而人首蛇身其实就是人形象的龙。所以单纯从人的角度，龙也可以被视为祖先的象征。

从天象来看，龙出于东方，而龙出东方之际是万物始生的春季。春为始，龙为始，东方为始，所以龙出于东方象征着万物之始。这也是龙最重要的文化意象之一。

其次，龙是农耕文明的产物。

从星象来看，东方青龙从龙头现于地平线开始，进入春播的季节，而当龙形潜藏于地之后，则进入秋收的季节，所以，龙与农业生产密切相关。

从史前时代到历史时期猪龙的形象，我们还可以看出猪在龙的构成中所占据的地位。而猪的出现，与农耕文明相辅相成。如果没有农耕文明的定居生活，以及粮食的富足，那么猪的驯化与饲养都不会成为现实。

龙的第三个文化含义是秩序意识。

从《周易》乾卦六爻六龙的井然秩序中，我们就可以读出其中成熟的秩序意识。《周易·系辞》的开篇即说："天尊地卑，乾坤定矣。卑高以陈，贵贱位矣。"

而在六爻当中，你处在什么位置上，就有什么位置上对应的策略。与其说是策略，毋宁说是规则。遵守这个规则则生，违逆这个规则则亡。

其中最尊贵的位置就是第五爻的九五之尊"飞龙在天"，所以人间的帝王被称作真龙天子。而与天子相关的一切都可以冠之以"龙"，比如龙辇、龙椅、龙袍等。

龙的第四个文化含义是进取意识。

龙所代表的秩序意识是万事万物正常运转的保障，但没有什么事物是一成不变的。所以，当你处在某一个层面时，《周易》六爻的结构告诉我们，越是处在下层，越有宽广的上升空间。所以，乾卦的象辞是："天行健，君子以自强不息。"

而鲤鱼跳龙门的文化意象，正是这种激励意识的反映。即使你只是一条鱼，但只要你跳过了龙门，那么你就可以成为龙。唐宋以来的科考制度，就实现了无数学子由鱼变成龙的梦想。所以，在中国古代虽然尊卑等级是一个相对定格的存在，但作为个体的人则可以通过自身努力而实现不断的跃级。

龙的第五个文化含义是包容意识。

其实华夏民族自古以来就不是一个单一民族，表现在龙的形象上，就是龙的各种动物来源。《尔雅翼》中列举了鹿、驼、鬼、蛇、蜃、鱼、鹰、虎、牛九种动物，我们还分析了鳄鱼、蜥蜴、猪这些动物，甚至有学者认为还有熊、马等动物，这些动物应该象征了不同部落的图腾崇拜。而把这些动物统一到一条龙的身上，正是这些不同的部落不断融合的结果。

所以，华夏民族是一个包容性极强的民族，这种传统一直持续到后来的历史时期。

龙出东方。

而东方这片古老的土地创造出来的龙以及"龙"字，呈现出这里的先民天人合一的精神、神奇的想象力，以及博大包容的胸怀。

它，没有生命吗

　　在现代汉语中，第三人称有三种称谓：第一是他，这种称谓比较古老，本来可以涵盖所有的第三人称，但在近现代，尤其是现代白话文出现以后，这个"他"字一般用来专称男性；第二是"她"，这个字是现代汉语专为女性发明的，所以专指女性；第三就是"它"，其实有一段时间还曾经用过牛字旁的"牠"，最后约定俗成统一为"它"，概指人以外的事或物，包括动植物以及无生命的物，比如石头、杯子、衣服等。

　　显然，没有生命一类，被划到"它"的范围之内了。

　　那么，最初的它，是否有生命呢？

　　我们先来看看"它"字在甲骨文、金文一直到篆字的字形是什么样子。

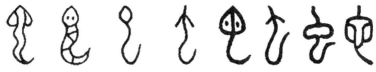

甲骨文 1　甲骨文 2　甲骨文 3　甲骨文 4　金文 1　金文 2　篆 1　篆 2

　　在上面这行字形当中，即使我们把中间的字形省略掉，只看第一个甲骨文和最后一个篆字，也可以看出它们之间的关系：

那么，这个字的本义是什么？原来这个字就是"蛇"的本字，最初的字形就是画一条蛇，而第三人称也是从这个描绘蛇的字"它"开始的。

然而使用更普遍的第三人称"他"字，为何不是"人"字和"它"字的组合，而是"人"和"也"字的组合呢？

其实"他"字正是"人"和"它"字的组合。这个最初描绘蛇的字形既可以隶定为"它"，还可以隶定为"也"，也就是说现在的"它"字和"也"字同源，都是来自蛇形，因此"蛇"的异体也写作"虵"。

尽管如此，其实早从金文开始，我们依然可以理出一个"也"字的演化过程：

金文1　金文2　战国简　篆1　篆2　　隶　　　楷

从这一组字形我们可以看出，至少从篆字开始，"它""也"已经出现了分野，所以两者既可以互换，又自成脉络。

那么，这个来自蛇形的字除了可以隶定为"它"和"也"之外，还与哪些字有关呢？

甲骨文当中的" "" "等字形，其实还是"蟲"字的来源。繁体字正字中的"蟲"字由三个"虫"字组成，之所以使用三个"虫"字，是在表达虫子总是成群出现的特征，由此与"它"字区别开来。不过现在的简化字又回归到一个"虫"字。

我们再来看一下"虫"字的演变脉络：

甲骨文　金文　战国简1　战国简2　篆　隶　楷

甲骨文和金文中有两只虫子组成的"蚰"，战国时期出现三只虫子组成的"蟲"，隶定后固定为三只虫子的字形。

甲骨文"虫"字，还与"巳"字相近，而"巳"字的含义又与"子"字接近，比如在金文中两个字可以互用。在甲骨文和金文中，"巳"字和"子"的基本字形是：

子　　　巳

"子"是两臂展开，下肢并拢；"巳"是上肢、下肢都并拢在一起。所以，"子"的字形象征幼儿把手放在外面，而身体包裹在褓褓之中；"巳"的字形象征幼儿手脚都包裹在褓褓之中，甚至是象征尚未降生的胎儿。因此"巳"应该比"子"的状态更幼小，而且，"巳"与象征胎儿的"厶"字互为倒置。

总结上文，我们可以看出，首先是这个像蛇的字形基本隶定为"它"，而这个"它"最初的含义为蛇，其次它又是构成"蟲"字的基础字形，最后又与表示婴儿或胎儿的"巳""厶"相关。

从这三层含义来看，无论是蛇、虫，还是婴儿或者胎儿，都有生命，所以，"它"最初是有生命的，只是后来为了与"他"字相区别，"它"字又包含了无生命之物。

那么，从蛇的本义以及"它"字的相关义，在中国古代文明中，我们可以探索到哪些蛇的文化属性呢？

蛇的第一个文化属性就是象征恐惧。

恐惧其实是构建一个民族性格的重要元素。在中国古代的文化中，恐惧甚至被奉为一种智慧。

在《周易》当中，有两卦讲到恐惧的智慧。一卦是震卦，一个是履卦。

震卦的卦辞是："震亨，震来虩虩，笑言哑哑。"

第一个"震"字是卦名。"亨"，《易传》解读为亨通，是一种美好的局面。第二个"震"字解释的是卦名的来历，也就是天上震动的雷声。"虩虩"是人对雷声的一种反映，也就是面对雷声的恐惧的样子。"笑言哑哑"，则是一种谈笑自若的样子。

那么，《周易》的《彖传》和《象传》是如何解读的？

首先我们来看《彖传》。《彖传》对卦辞"震亨，震来虩虩"

的解读，居然是"恐致福也"。"震来虩虩"的本义是有巨大的雷声传来，人们因此而感到恐惧。那么，巨大的雷声给人们带来的恐惧为什么会"致福"呢？这的确是一件耐人寻味的事。

原来，《易传》是切换了一种思维模式。雷震于天空，可以视为具有上天的意志。雷的巨大声响，确实能产生恐怖情绪，人在这种状态下，就会产生敬畏心，而敬畏心恰恰是得到上天福佑的先决条件。一个没有敬畏心的人，常常会蹈入危险境地，往往不会有一个好的结局。所以，敬畏心是一个人获得幸福的法宝。

"笑言哑哑"，《象传》的解读是"后有则也"。作为君子，在巨大的雷声面前，要做到的是提醒自己保持敬畏心，而不是乱了方寸。所以，内心的敬畏，反而会带来镇定自若、处惊不乱的表现。正因为能做到处惊不乱，所以，在雷声响过之后，仍然可以按照规矩行事。这就是"后有则也"。

这是《象传》的解读，那么震卦《象传》又是如何解读的呢？

《象传》的解读依然是正面的。《象传》说："洊雷，震；君子以恐惧修省。""洊雷"的"洊"字是重的意思。"洊雷"，意思是两个雷相叠，表现为自然现象，就是雷声滚滚的状态。《象传》表明，这一卦对君子的启示是以恐惧之心而内省修行，也就是用敬畏之心，提升内心的修养。这也是一种"致福"的表现。

震卦的恐惧来源于雷震，而履卦的恐惧则来源于一场意外，这场意外非常近似于在草丛中踩到蛇，但这一次踩到的不是蛇，而是虎尾。

所以，履卦的卦辞是："履虎尾，不咥人。"这又是一种非常奇怪的现象。

按照我们通常的认知，如果不小心踩到老虎的尾巴，肯定会丢掉性命。但在履卦当中，踩到虎尾巴却没有被老虎吃掉。

为什么会如此蹊跷呢？原来答案在这一卦的九四爻。

九四爻的爻辞是：

> 履虎尾，愬愬，终吉。

原因就在"愬愬"两个字。"愬愬"与"震来虩虩"的"虩虩"相近，都是一种恐惧或者小心翼翼的样子，因此"愬愬"表达的就是敬畏心。

由此可见，所谓恐惧的智慧，其实就是将恐惧转化为敬畏心的智慧，这也正是《周易》不断变换思维模式的智慧。

而"它"字，正是从造字角度对这一智慧的诠释。我们在讲到伏羲、女娲时，曾经引用过《说文解字》对"它"的解读，《说文解字》说："上古草居患它，故相问无它乎。"

这和"履虎尾"很接近，但比"履虎尾"产生的恐惧更具突发性。因为老虎目标很大，踩到虎尾的概率非常低；但蛇不同，蛇藏在草丛中，不易被发现，对于四处都是草丛的古人来说，突然踩到蛇或者惊吓到蛇的概率非常高，而且受到惊吓的程度更高，所以才有《说文解字》所说的"相问无它乎"。而这个"相问无它乎"，有点类似后来"别来无恙"的问候。

《周易》中孚卦初九爻爻辞"有它不燕"中的"它"，就是由蛇引申出的意外之灾。"不燕"就是不安，而"有它不燕"也可以解读为：因为有意外之事而不安。

由此可见，蛇被古人当作恐惧之事的象征。

蛇的第二个文化属性就是代表了生殖，以及由生殖引申的肇始。

水池中的蛇

《诗经·斯干》中的蛇即与生育相关。诗中讲到了占梦，原文是："维虺维蛇，女子之祥。"意思是如果梦到了蛇，那么这是生女孩的征兆。因为虺蛇为阴性，所以代表了女性。

与《诗经》的意象相反，现代心理学往往把蛇看成男性的象征，因为蛇形类似男性的生殖器官。如果梦见蛇，或许与性和生殖相关。

而从汉字造字角度看，蛇在生殖方面的象征意义，或许来自与"巳""厶"等相关的含义。

我们看一下这样两个字形：

非常巧合的是，这两个字形与精虫的形象非常相似，古代没有显微镜，所以我们不能判断这个类似"巳"字的蛇形字，是否是古人对精子形状的认知，但即使是一种巧合，也是一种耐人寻味的现象。

更有可能的是，古人或许对怀孕初期胎儿的样子有一定的认知，因为人在胎儿阶段的发育初期，有一个类似蝌蚪、鱼的阶段。而胎儿头部的方向与正常的人相反，是头朝下。所以，"厶"字就是一个倒置的"巳"字。

那么，这个与"巳"字互为颠倒的"厶"字最初表达的是什么含义呢？

说到"厶"字，如今已经很少作为单字使用了，其实这个字就是"私""以（已）"以及"台"的本字。而这个"厶"字原始的字形就是来自早期胎儿的形状。那么，它是如何与"私""以（已）"以及"台"发生关系的呢？

甲骨文　　金文1　　金文2

胎儿的妊娠和分娩，都是最私密的事，"厶"字由此衍生出"私"的义项，成为"私"的本字。《说文解字》引韩非语说："自营为厶。"后来，为了表达"私"和财产有关，在"私"的义项上加了一个表达粮食的"禾"字旁。

而"台"字只是在下面加了一个并没有什么含义的附件"口"字，由此与"厶"字区别开来。但即使是这个"台"字，也被借去作为其他义项，于是为了进一步准确地表达胎儿的义项，就在"台"字旁边加了一个"肉"字，这就是"胎"字。

另外，不加"口"字的这个字形还作为"以"字使用，直到隶书这个字形仍然被保留，写作"㠯"，不过，加了"人"之后的"以"字，最终被视为规范字。

同时，这个"厶"字还与"始"字相关。

　　从造字起源来看，"始"字表达的是人生的开始。《老子》说："天下有始，以为天下母。"所以，"始"似乎与母亲有关。《说文解字》说："始，女之初也。从女台声。"按照造字构字的理解以及《老子》的理解，应该是"以女为初也"，更为确切。

金文1　　金文2　　篆　　隶　　楷

　　"始"，金文有两种字形，一种是"女"和"厶"的组合，一种是"女"和"台"的组合。因为"厶"或者"台"是"胎"的本字，是倒置的胎儿形象，所以，"始"字的原始含义是女人怀胎。因为生命是从胎儿的孕育开始的，由此产生了开始的基本义项。

　　不过，老子说："无名天地之始，有名万物之母。"《周易》乾坤两卦的《象传》说："大哉乾元，万物资始"；"至哉坤元，万物资生"。显然天或者父主始，地或者母主生，各有分工。这样一来，好像这个"始"字所表达的意思是比有形的胎儿更早的阶段。

　　也就是说，女人是无法自动怀胎的。女人的受胎，需要有来自男性的阳气，即使是神话故事，比如姜嫄，也是受天之气，这就让我们又想起了那个看起来非常像精虫的字形。所以，与"生"相对应，"始"更多地表现为阳为天为父，这与《说文解字》的认知有不同。

　　蛇在生殖和初始方面的象征意义，还表现在古人四象观念中的玄武。

　　中国古人把星空中的黄道带分成四个大的区域，分别以四个神灵的形象命名：东方为青龙，南方为朱雀，西方为白虎，北方为玄武。

其中的青龙、白虎和朱雀，一目了然是一种动物，但北方的玄武仅从名字上看不出是什么动物。北方神灵之所以没有以某一种动物命名，原来是因为玄武由两种动物组成，一种龟，一种是蛇，蛇龟相缠，就是玄武。

在四象当中，第一个字表明的是颜色，东为青，南为朱，西为白，而北方之色为玄，其实玄就是黑的另外一种说法。而在五行当中，青为木，朱为火，黄为土，白为金，黑或者玄为水。古人认为，生命生于水，所以，代表水的北方玄武象征生命之源，是四象五行中的始点。这也是"太一生水"观念的由来。

龟、蛇均为水中之物，所以用龟、蛇代表北方水。

不过，龟、蛇还有古史传说的渊源。据说尧舜时代洪水泛滥，因为鲧为水系部族，所以受命治水。但多年之后，鲧的治水以失败告终，鲧也因此被尧或者舜处死。鲧死后，他的儿子禹再次受命治水，这一次取得了成功，禹因此被奉为治水英

瓦当中的玄武

雄，在舜之后，继承了天子之位，开启了中国历史上的第一个王朝夏朝。

那么，鲧和禹与玄武或者说龟、蛇有什么关系呢？

原来，鲧其实就是龟灵。鲧字的另外一个写法就是"鲧"，由"玄"和"鱼"构成。晋王嘉《拾遗记·夏禹》中说："尧命夏鲧治水，九载无绩。鲧自沉于羽渊，化为玄鱼。"显然，在这段记载里，鲧不是被尧或者舜杀死的，而是"自沉于羽渊"。

王嘉认为玄鱼是一种神鱼，沉水之后变成河精，其实玄鱼就是龟。王嘉认为玄鱼之外，另有玄龟，而这个玄龟正是玄鱼的使者。王嘉说："玄龟，河精之使者也。龟额下有印，文皆古篆，字作九州岛山川之字。禹所穿凿之处，皆以青泥封记其所，使玄龟印其上。今人聚土为界，此之遗像也。"

那么，禹又是一种什么动物呢？

我们来看一下"禹"字最初的写法。

商代金文　　西周金文　　春秋金文　　说文古文　　说文篆字

从字形上看，就是"它"字之上加了一个附件，所以，《说文解字》说："禹，虫也。"而虫、它同源同义。

因为鲧、禹都是水族，所以尧、舜才委派他们去治水。

如果剥去神话外衣，我们可以看出，鲧和禹其实是以龟和蛇为图腾的部族，而且根据鲧和禹的父子关系，这两个部族应该是主支和分支之间的关系。后来禹部族逐渐强大，不仅替代了鲧部族的统治地位，而且一跃成为天下共主。

由此一来，鲧、禹成为玄武便有了古史传说的依据，换句话说，也就是古史传说同样指向了玄武之神为创世之神的观念。

除了四象之外，河图洛书也体现了水以及北方的肇始功能。

其实在宋代以前，河图洛书还停留在传说当中，从宋代开始，出现了以图呈现的河图洛书。其基本元素是九个数字或者十个数字，至于九数和十数谁是河图谁是洛书，有一个变化过程，早期多为九数河图、十数洛书，后来则多见十数河图、九数洛书。九为天数，十为地数，而所谓河图，应该起源于天河之图，也就是星空图，对应的也是象征天宫的九宫图，对角线三个数的和均为15，所以河图九数是正解。

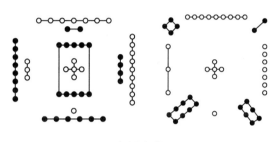

河图洛书

而不论谁是河图谁是洛书，二者的共同特点是，一在北，在玄武位，不同的是九数图只有一在玄武位，十数图有一、六两个数在玄武位。郑玄注《系辞》时说："天一生水于北"，"地六成水于北"。按照十数图的理解，是作为生命源头的水生于天成于地，这也是水或者玄武为生命肇始的佐证，而水和玄武正与蛇有着间接和直接的关系。

总之，我们从造字、四象以及河图洛书等几个角度，探讨了古人以蛇为生殖和肇始象征的观念。而我们在前面探讨的人文始祖伏羲、女娲，同样以蛇身的形象呈现，这从另一个侧面，证明了古人是以蛇为生殖和肇始的象征。

以上我们讨论的两个关于蛇的文化属性，是蛇在中国古代最重要的两个文化属性。除此之外，蛇还被中国古人奉为有灵性和仙气的神灵。首先蛇是龙形象的主干，是龙形象最基本的元素；

其次，中国古代还有许多关于蛇的神话传说，尤其是近古以来的《白蛇传》，更成为家喻户晓的故事。

更为奇妙的是，在世界许多古老的文明中，都有蛇参与创世的传说，比如古埃及文明、两河流域文明、古印度文明等，因此说，蛇的肇始功能，很可能是全人类关于远古创世的共同潜意识记忆。

《圣经》当中那条出现于伊甸园的蛇，虽然是作为反面角色出场，但其实也具有创世的意义。因为当亚当和夏娃吃了善恶树上的禁果，从此就有了善恶的分别，这就是从人的意识的角度，把一的世界打开为二，"一生二，二生三，三生万物"，人的意识中的世界从此开始呈现。

而从反面讲，二的世界离开了世界的本原，也就是人对世界的一种错误的认知，这个错误的认知导致了人类无尽的烦恼和灾难，人被欲望蒙蔽了双眼，陷入了原罪的深渊。从这个角度讲，蛇也是邪恶的一种象征。

而在中国文化中，也有同样的认知，体现这个认知的代表就是汉字中的"蛊"字。

从字形来看，蛊是养在盘子中的虫，这种虫子很可能和早期的巫蛊之术有关。"蛊"因此有两个义项，分别是蛊害和蛊惑。

甲骨文　　盟书　　篆　　隶　　楷

甲骨文盘子中是两只虫子，侯马盟书是三只虫子，说明东周时期已经有三只虫子的字形。篆字以后固定为三虫在皿中的字形。

尽管"蛊"中的字形偏重于"虫"，但我们知道"它""虫"同源，有时候也可以混用。而其含义中的蛊害和蛊惑都来自蒙蔽，只有被蒙蔽的状态下，诱惑才得以发挥作用。从这个角度来看，这几个盘子里的虫，与伊甸园中的那条蛇有同样的功效。

其实蛇的创世和蛇的诱惑，是可以上升到哲学层面的二元的对立统一。正是蛇的诱惑，才使我们把形而上的道的世界错认成形而下的器的世界，创世本身代表了苦难的缘起，而蛇正是在器的世界才有意义。

那么，我们就把思绪拉回到器的世界，在这个器的世界里，蛇可以作为灵性的源头。而作为"蛇"的本字"它"，本来是具有生命的，但后来被泛用于生命以外的其他事物，我们对此可以诠释为，这正是古人万物有灵的潜意识渗透的印证。

"它"，有生命吗？
"它"，真的有生命。

龟灵——承载天地而不言

在中国古代四灵的观念中，有一个非常有趣的现象：龙、凤、麒麟，都是想象中的动物，唯有龟是真实存在的动物。

《礼记·礼运》中说："麟、凤、龟、龙，谓之四灵。"

麒麟是百兽之长，所以，麒麟的形象综合了马、鹿等各种动物，只有圣王出世，麒麟才可以显现世间；凤凰是百鸟之王，综合了百鸟之美，象征着高贵不凡；龙既可以视为百鳞之长，也可以视为所有有情之长，所以它综合了更多的动物形象。

唯有龟，不论是匍匐于地，还是遨游于水，都不是一种显赫的存在。那么，为什么其貌不扬的龟，可以跻身到神圣的四灵之列呢？

究其原因，是它从远古时期开始，就以其特性已经成为一个不可替代的文化符号。

首先，从宏观上，龟被许多古老的文明视为建构天地的重要基础。

不仅在中国，远古时期的人类，总是把龟与天地的开辟或重建联系起来，比如在古印度和美洲印第安人的传说中，我们生活的大地都是驮在一只巨龟的背上。

在中国，巨龟支撑天地的传说来自《淮南子·览冥训》中的一段文字：

往古之时，四极废，九州裂；天不兼覆，地不周载；火爁炎而不灭，水浩洋而不息；猛兽食颛民，鸷鸟攫老弱。于是女娲炼五色石以补苍天，断鳌足以立四极……

这段文字讲述了洪荒时期一次末日之后的天地重建：在很久很久以前，发生了一场毁灭性的灾难，支撑天地四周的四根柱子折毁；划分为九州的大地断裂塌陷，破碎的天空已经覆盖不住这个世界，同样，损坏的大地也无法承托起这个世界；熊熊大火蔓延不绝，滔滔洪水奔腾不息；即使逃过烈焰、洪水的幸存者，也会葬身于猛兽、鸷鸟的围猎。就在此时，人类的始祖——勇敢的女娲站出来，开始了她的重建工程。她所做的第一件事，是用五色石把破碎的天空补齐；第二件事，是斩断四只鳌足，用这四只鳌足来替代天地四周毁坏的四极，重新把天地之间的空间支撑起来。后来，火焰熄灭，洪水退却，猛兽、鸷鸟散去，春夏秋冬，寒暑交替，天地之间恢复了往日的秩序。

不过，这里好像有一个问题，《淮南子》说的是鳌而不是龟。那么，龟和鳌又是什么关系呢？其实与神灵相关的龟，在古人的头脑中并非固定为单一的龟，其中也包含了鳌，因为这两种动物习性、外形都非常相像，所以被统归到一类。而在古人的观念中，硕大的龟和鳌更具有灵性，所以给它们另外起了一个名字，叫作"鳌"，换句话说，"鳌"就是巨龟或者巨鳌，其中包括想象中的那种拥有巨大无比体量的龟或者鳌。

正如前文所说，在许多古代文明的传说中，我们生活的大地驮在龟背之上，但女娲重建天地的传说，只是利用了鳌足支撑天地四极。

那么，在中国古代，有没有类似龟驮大地的传说呢？

因为龟拥有神灵之性，因此中国古人不舍得把龟用到普通世间，而是把它派到神仙境界，承驮海上仙山。

关于鳌驮仙山之事，《列子·汤问》有一段详细记载：

> 渤海之东不知几亿万里，有大壑焉，实惟无底之谷，其下无底，名曰归墟。八纮九野之水，天汉之流，莫不注之，而无增无减焉。其中有五山焉：一曰岱舆，二曰员峤，三曰方壶，四曰瀛洲，五曰蓬莱。其山高下周旋三万里，其顶平处九千里。山之中间相去七万里，以为邻居焉。其上台观皆金玉，其上禽兽皆纯缟。珠玕之树皆丛生，华实皆有滋味，食之皆不老不死。所居之人皆仙圣之种，一日一夕飞相往来者，不可数焉。而五山之根无所连著，常随潮波上下往还，不得暂峙焉。仙圣毒之，诉之于帝。帝恐流于西极，失群仙圣之居，乃命禺彊使巨鳌十五举首而戴之。迭为三番，六万岁一交焉。五山始峙而不动。而龙伯之国有大人，举足不盈数步而暨五山之所，一钓而连六鳌，合负而趣归其国，灼其骨以数焉。于是岱舆、员峤二山流于北极，沉于大海，仙圣之播迁者巨亿计。帝凭怒，侵减龙伯之国使阨，侵小龙伯之民使短。至伏羲、神农时，其国人犹数十丈。

我们在前面讲过，《淮南子·览冥训》中记载了"女娲炼五色石以补苍天，断鳌足以立四极"的故事，其实在《列子·汤问》中有同样的记载，而这一段巨鳌驮山的故事正是接在女娲重建天地之后。

或许正是那场天塌地陷的灾难，导致本与大地相连的五座仙山漂流到海上。后来漂流到渤海之东不知几亿万里的地方，这是一个下面深不见底的所在，名字叫作"归墟"。漂到这里的五座仙山分别叫岱舆、员峤、方壶、瀛洲、蓬莱，每座山都大到"高下周旋三万里"，差不多有半个大洋洲那么大。上面有各种珠宝、珍禽异兽，花果都非常可口，而且吃了以后可以长生不老。上面生活的都是可以飞来飞去的仙人。但有一个问题，这些仙山没有根，在水面上漂来漂去，无法固定。山上的神仙深为苦恼，就向天帝诉苦。天帝也怕这些仙山漂到西极去，就命令禺彊派了十五只巨鳌到归墟，驮住这五座仙山。三只巨鳌负责一座山，六万年轮一次，从此改变了五座仙山漂泊的命运。

但是好景不长，有个叫龙伯国的大人国，因为人长得太高大，没走几步就来到了五山所在的归墟，然后在此垂钓，一口气钓了六只鳌。那么这个龙伯国的钓者钓鳌做什么用呢？原来龙伯国的人和殷人一样喜欢用龟甲占卜，所以龙伯国的钓者把鳌背回去以后，就做成占卜材料，放在火上灼烧，用来占卜吉凶。

鳌被钓走了六只，这就造成了两座仙山岱舆、员峤失去了鳌的驮载，漂流到了北极，最终沉入大海，结果给数不胜数的神仙带来了巨大的灾难。

那么，龙伯国用钓来的鳌占卜，结果是吉还是凶呢？如果算准了的话，那一定是凶，因为钓鳌的行为惹恼了天帝，天帝当然要降罪于龙伯国，龙伯国因此付出了巨大的代价。天帝把本来广大无边的龙伯国越缩越小，并把这些高大的长人变得越来越矮，矮到什么程度呢？到伏羲、神农的时候，已经矮到有数十丈那么高。可见在钓鳌之前，龙伯国的人会有多高。

从此以后，东海之上，只剩下方壶（也叫方丈）、瀛洲、蓬莱三座仙山。

从这一段传说中，我们看出鳌驮仙山与古印度等古老文明的龟驮大地有异曲同工之处，只是鳌驮仙山把故事的背景放在了神仙境界而已。

那么，为什么龟会参与到创造天地的活动当中呢？这或许与人类来自海洋的潜意识相关。龟与蛇一样，是水生动物，有水的灵性，中国古代有天一生水或者太一生水的观念，水再生成万物。我们在讲蛇的时候，曾经讲到过四象中的玄武，玄武代表生命源头的北方水，而玄武就是龟与蛇的组合。

龟灵参与创造天地之事，还可以从我们前面讲过的河图洛书获得线索。从文献记载上看，河图洛书当中的洛书与龟灵有关。《竹书纪年》中说："龙图出河，龟书出洛，赤文篆字，以授轩辕。"这段文字透露出这样几个信息：一、河图洛书，一个出自河（也就是黄河），一个出自洛（也就是洛水）；二、河图为龙之图，洛书为龟之书；三、"赤文篆字"应该分别对应了龙图和龟书，龙图为赤文，也就是红色的图，龟书是用篆字书写，可见河图洛书其实是一图一书，河图为图，洛书为书；四、河图洛书授予的是古代圣王黄帝，也就是说，河图洛书出于黄帝时代。

由此可见，河图洛书本来是一图一书，但后来被普遍认作是不同的两幅图：一幅是十数图，一幅是九数图。而九数更像是对龟背的描摹。

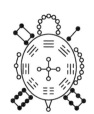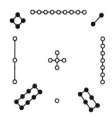

河图洛书

　　元代吴澄《易纂言》说："河图者，羲皇时，河出龙马，背之后毛，后一六，前三七，左三八，右四九，中五十。以象旋毛星点，而谓之图。羲皇则其阳奇阴偶之数，以画卦生蓍。洛书者，禹治水时，洛出神龟，背之坼文，前九后一，左三右七，中五，前之右二，前之左四，后之右六，后之左八。以其坼文如字画，而谓书。禹则自其一至九之数，以叙洪范之畴。"

　　显然吴澄的《易纂言》与《竹书纪年》看法不同：首先，《易纂言》认为河图洛书出于不同时代，一个是伏羲时期，一个是大禹时期；其次，《易纂言》认为河图是图，洛书也是图。这种看法其实早在宋代已经定型，所以元代的吴澄如此认为毫不奇怪。而且《易纂言》所言河图和洛书的数字排列形式，也与我们今天看到的河图洛书相同。不过，他在这里说明河图洛书的载体，分别是龙马和神龟，而且都是后背上的图案。

　　龟背像一个天生的九宫格，如果把龟背的分格约分为九个格，那么，按照九数洛书的数字排列填满九个格，就成了天然的九数洛书，这也许正是古人把龟背当作九数洛书载体的灵感源泉。

　　而《易纂言》以龙与龟相对应，也为龟参与天地的建构埋下了伏笔。龙为阳，龟为阴，龙升为天，龟降为地，由此由龟来担负大地的承载功能则顺理成章。

　　如果以单独的龟来看，则同样可以构成天地。龟的背甲隆起，像穹隆状的天空，而且有类似九宫格星空分布图的龟背纹；龟的腹甲平坦方正，更像大地。背甲、腹甲相合，相当于天地相合，所以，一只龟，就可以构建出天覆地载的空间。这也许是龟被古人视为参与天地建构因素的原因之一。

　　以上是龟作为一个远古时期重要文化符号的内涵之一。

龟作为远古时期重要的文化符号，第二个核心的内涵是长寿。

古人虽然并不能确知龟的寿限，但普遍认为龟是人所见最长寿的动物，所以有俗语说"千年王八万年龟"。任昉《述异记》中说："龟千年生毛，龟寿五千年谓之神龟，万年曰灵龟。"可见，在古人的头脑里，龟中的绝品可达千年万年的寿命。在许多文学作品中，也可以看出古人对龟长寿的共识，比较出名的如曹操的《龟虽寿》，虽然是反用其义，但也说明了对龟长寿的认可。

龟还常常与另外一种被认为长寿象征的动物——鹤并称。比如葛洪《抱朴子·对俗》："知龟鹤之遐寿，故效其道引以增年。"《文选·郭璞〈游仙诗〉》："借问蜉蝣辈，宁知龟鹤年？"李善注："《养生要论》曰：龟鹤寿有千百之数，性寿之物也。"刘孝标《辩命论》："朝秀晨终，龟鹄千岁，年之殊也。"苏轼《和陶〈读山海经〉》之二："欲使蟪蛄流，知有龟鹤年。"

龟既然长寿，那么龟的长寿对人类有什么意义吗？

龟的长寿，对人类来说至少有两个意义。第一个意义，以《尚书·洪范》为例，古人认为的"五福"，也就是作为人的五种最高幸福分别为：寿、富、康宁、攸好德、考终命，排在第一位的就是寿。所以，作为长寿象征的龟会给人带来福气。比如《史记·龟策列传》中记载："近世江上人有得名龟，畜置之，家因大富。"

龟的长寿，第二个意义在于其阅历丰富，所以可以鉴往知来，古人认为，龟用于预测一定非常灵验。

中国远古时期预测学，是以卜筮系统为代表。卜筮其实是两种方式：卜主要是用龟甲占问，筮则是用蓍草占问。那么古人为什么选择了龟甲和蓍草呢？原因是古人认为，龟是最长寿的动物，蓍草则是最长寿的草本植物，因为龟和蓍草汲取了太多的日月精华，所以被赋予了强大的灵性。

《史记·龟策列传》专门讲到了二者之间的关系：

　　闻蓍生满百茎者，其下必有神龟守之，其上常有青云覆之。传曰："天下和平，王道得，而蓍茎长丈，其丛生满百茎。"方今世取蓍者，不能中古法度，不能得满百茎长丈者，取八十茎已上，蓍长八尺，即难得也。人民好用卦者，取满六十茎已上，长满六尺者，即可用矣。记曰："能得名龟者，财物归之，家必大富至千万。"一曰"北斗龟"，二曰"南辰龟"，三曰"五星龟"，四曰"八风龟"，五曰"二十八宿龟"，六曰"日月龟"，七曰"九州龟"，八曰"玉龟"：凡八名龟。龟图各有文在腹下，文云云者，此某之龟也。略记其大指，不写其图。取此龟不必满尺二寸，民人得长七八寸，可宝矣。今夫珠玉宝器，虽有所深藏，必见其光，必出其神明，其此之谓乎！故玉处于山而木润，渊生珠而岸不枯者，润泽之所加也。明月之珠出于江海，藏于蚌中，蛟龙伏之。王得之，长有天下，四夷宾服。能得百茎蓍，并得其下龟以卜者，百言百当，足以决吉凶。

这一段文字最后是说：如果能得到百茎蓍，并能同时得到下面守护蓍草的龟，用这两种东西卜筮，没有不灵验的。

因此我们说龟作为一个远古时期重要的文化符号，第三个核心内涵是由长寿生发的灵验。

关于古人如何占筮，我们只能从文献中比如《周易·系辞》中考查，而用蓍草制作的蓍策我们已经看不到了。但是，用龟甲占卜，从殷墟甲骨发现开始，我们从许多遗址当中找到了确切的遗物。其中有字的，我们称之为甲骨文。而殷墟甲骨文的主要内容即为占卜，所以这些刻在甲骨上的文字又称作卜辞。

不过，龟甲的发现并不是从殷商遗址开始的。早在新石器时代，龟甲已经出现在墓葬当中。早到什么时间呢？比如七八千年前的河南贾湖遗址就出土有龟甲。而且贾湖遗址出土龟甲并不是个例，在贾湖遗址出土的 349 座墓葬中，随葬有龟甲的达到了 23 座。其中 M344 一座墓葬就出土了八副龟甲。

其中有的龟甲上还刻有符号，这为甲骨文的溯源提供了线索。这些龟甲的另外一个特点是在龟的背甲和腹甲之间，往往装有小石子。那么，装在龟甲中的这些石子是什么用途呢？

贾湖遗址龟甲
（摘自《舞阳贾湖》）

这或许可以从 M344 墓主人身份上考查。M344 随葬品达三十多件，墓主人为壮年男性。墓葬中未见头骨，而在头骨部位放置了一件骨制叉形器和八副龟甲。从某种意义上，这等于以这个叉形器和八副龟甲取代了墓主人的头。根据这一现象，绝大多数学者倾向于墓主人的身份为部落的巫师，很可能同时是部落的酋长。而叉形器和龟甲，应该就是巫师与天地神灵沟通的法器。巫师的职能之一就是卜筮，所以，龟甲中的石子很可能就是用于卜筮。

其实，比贾湖遗址时代晚但发现更早的大汶口文化遗址当中，也出土有龟甲，以及龟甲当中的石子。比如刘林遗址以及大墩子遗址龟甲中就常常装有石子，而且石子的数量有一定的规律性，有的四颗，有的六颗，有的十几颗。更耐人寻味的是，在大墩子遗址 M44 墓主人腰部两侧各有一副龟甲，左侧的龟甲内装六枚骨锥，右侧的龟甲内装六枚骨针。六是什么数字？六正是《周易》六十四卦每卦的爻数。

所以，龟甲中的骨锥、骨针乃至石子，很可能是最早的筮策，或许当时也有以蓍草作为蓍策的，可惜蓍草很难保存几千年而不朽。

《史记·龟策列传》说："蛮夷氐羌虽无君臣之序，亦有决疑之卜。或以金石，或以草木，国不同俗。"可见，古代的确有用石子卜筮的证据。

贾湖遗址 M344 出土的石子据说是 47 颗，这也有与筮法相关的可能性。

《周易·系辞》说："大衍之数五十，其用四十有九。"其筮法即运用四十九棵蓍草经过四营三变，得出一爻为初爻，然后再以同样的方法完成其他五爻。由此，从初爻到上爻，完成一卦。

贾湖遗址 M344 出土的 47 颗石子，或许因为某种原因遗漏了两颗，所以不完全吻合"大衍之数五十，其用四十有九"。当然，这只是一种猜测。但有一点，如果把蓍草改成石子，完全可以完成《周易·系辞》这一段所描述的筮法。

从以上分析，我们惊奇地发现，原来最初的龟也是可以参与占筮，而不仅是占卜。

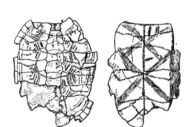

大墩子遗址出土龟甲

而且对于这一点，出土于汶口文化大墩子遗址 M44 中的那两副龟甲也有微弱的证据。这个证据就是两片腹甲上的纹路。发掘报告称这两片腹甲上的纹路是绳索磨痕，但我们从图案上可以看出，这显然是人有意为之，而不可能是绳索磨痕。第一片腹甲是两对交叉纹，是"爻"字的本义，代表筮变的过程。第二片腹甲上面是五个排列整齐、呈梅花形分布的圆圈，而下面则是一个上部相连的"八"字。天圆地方，上面的五个圆圈代表五个阳爻；下面的"八"字形纹，直到竹简和帛书《周易》，还当作阴爻符号使用。上面是五个阳爻，下面是一个阴爻，叠加在一起，真相似乎浮出了水面：这正是十二消息卦中一阴始生的姤卦。

可见，许慎在《说文解字叙》中认为伏羲发明八卦远远早于文字的发明，看来并非虚言。

从以上分析我们可以看出，在比殷商早几千年的远古时期，很可能占卜与占筮同源，二者并没有严格的区分。

《左传·僖公十五年》中记载了韩简的一段话："龟，象也；筮，数也。物生而后有象，象而后有滋，滋而后有数。"按照韩简的理解：用龟卜，是取物象；而用筮占，则是用数。物是先有象，然后繁衍滋生，从而有了数。按照顺序，是象在前，数在后，因此如果需要预测则应该是先象后数，龟卜自然重于筮占。

但我们从贾湖遗址和大汶口文化遗址出土的龟甲来看，好像情况不是这样，龟甲中所藏石子大概率是用来做数字运算的，或许也有象的成分，但即使有象的成分，恐怕数的成分占比更大。至于龟甲中所藏骨锥和骨针也是一样，六的数字虽然我们无法确定是否与六爻有关，但一定与数有关。

由此我们可以推测，最初的卜和筮都与龟灵的崇拜有关，但后来有了分化，最迟在殷商时代，在中原地区流行用灼龟的方式占卜、用蓍草运算的方式占筮，龟甲和蓍草各司其职。

古老的占卜和占筮方法现今均已失传，关于筮法，通常是根据《周易·系辞》"大衍之数"一段予以复原，而卜法则是根据殷墟出土的甲骨来推测。

占卜的具体操作方法，是先把龟的腹甲做一下加工，挖一个圆形的钻和一个枣核形的凿，刻上要占卜的事，然后放在火上烤，当发出噗噗的声音以后，龟甲上就出现裂纹。占卜的人就根据裂纹的走向来判断吉凶。

不过实际上占卜材料已经不局限于龟甲，古人还会用到一些兽骨，所以在这上面刻的文字，就叫甲骨文。

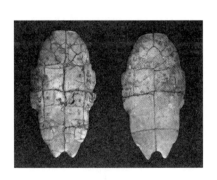

殷墟卜甲

用甲骨占卜的这种习俗到殷商后期进入鼎盛期，因此留下了大量的甲骨遗存。而甲骨文的发现催生了 20 世纪的一门新学问——甲骨学，从刘鹗的《铁云藏龟》开始，甲骨学蓬勃兴起，吸引了全世界一大批学者投身其中。

以上讨论的是关于龟被赋予的从长寿到灵验的文化属性，以下我们将谈到龟作为财富象征的文化属性。

龟之所以被视为财富的象征，来自龟卜灵验的意象。其实我们知道，龟卜的结果未必都是灵验的，但龟卜作为一种古人执迷的习俗，在潜意识当中就把它视为能够预知未来的灵物，所以这种执念与它是否真实灵验没有太大的关系。就像现在用星座或者属相算命，大家都下意识地以为很灵验而乐此不疲。

既然灵验，那么就值得珍藏，所以在古代，龟一直被视为值得珍藏的珍贵物品。前面提到的贾湖遗址和大汶口文化遗址墓葬出土的龟甲，除了具有卜筮等巫术意义之外，还有其财富的象征意义。

《周易》颐卦初九爻爻辞说："初九，舍尔灵龟，观我朵颐，凶。"这里所要表达的意思是：不要无视你自家的珍宝，而老盯着别人家的嘴巴。

所以"灵龟"在这里就是珍宝的代名词。

那么，在古代，龟究竟有多值钱呢？

《周易》的损益两卦各有一爻即损卦的六五爻和益卦的六二爻爻辞都讲到"或益之十朋之龟"，也就是说爻辞中的这只龟价格是十朋。朋是古贝币的一个计量单位，从"朋"的造字我们可以看出，是两串贝的象形，一串五个，两串十个，也就是说一朋等于十个贝，十朋就是一百个贝。那么，一百个贝是什么概念呢？我们举商代晚期两段青铜器铭文，或许会对这一概念有所了解。

第一件器是戍嗣子鼎，铭文说，王赏给戍嗣子器主"贝廿朋"；第二件器是戍甬鼎，铭文说，王赏给戍甬"贝二朋"。一个是二十朋，一个是二朋，两者相差了十倍，不知道是其中一个有错，还是两个被赏的人就是存在等级差别。我们且以二十朋为标准，我们知道，在古代青铜器是重器，青铜原料十分贵重，价格非常高，而王赏贝的目的就是为了赞助器主铸造青铜器。如果二十朋就可以赞助铸造青铜器，那么二十朋显然是一笔巨款。

金文中关于"朋"的记录

以此推论，一只龟值十朋，看来好龟的价格的确不菲。所以毫无疑义，远古时期，品相好的龟被看作宝贵的财富。

最后我们来说说这个"龟"字。

"龟（龜）"字也和绝大多数动物一样，起源于象形字。

| 甲骨文1 | 甲骨文2 | 金文 | 篆 | 隶 | 楷 |

从上面这组"龟"字，我们可以看出，最初龟字就是画了一只龟，甲骨文和金文有龟正面的形象和侧面的形象，篆字字形来自侧面的形象，而篆字字形仍然可以看出龟首、龟背、龟足和龟尾。

宋代张珏《神龟图》

　　我们再举两个有"龟"字参与的字形，一个是"秋"字，一个是"阄"字。

　　"秋"字的祖型为"龝"与"火"组合。但甲骨文"秋"字中的"龜"，更像是一个看起来外形近似于龟的虫子，而不是龟。甲骨文字形是上面一只像龟的虫子，下面是火。这个虫子的头上有须角，所以有人认为是蝗虫，有人则认为是蟋蟀。认为是蝗虫的理由是，以火驱蝗，目的是保证秋天的收成，因此会意为"秋"字。认为是蟋蟀的理由是，立秋以后蟋蟀开始鸣叫，那么，蟋蟀就是秋天到来的一个显著的标志，而字形中的火代表庄稼的成熟。后来为了表示与庄稼有关，加了"禾"的字素，如《说文解字》籀文，有"火"有"禾"有"龟"（代表虫），在此基础上春秋战国出现了省却虫形的"秋"字，只留下了"禾"和"火"字。

五代黄筌《珍禽写生图·蟋蟀》

| 甲骨文 | 战国简 | 说文籀 | 篆 | 隶 | 楷 |

但"龜"字参与"穐"的构建，应该还有一层深意，即秋收之前多要做占卜，这在常见的"其受年""其弗受年"等甲骨卜辞中得到验证。所以，虽然甲骨文"穐"字中的"龜"字更接近一只虫子，但仍然保有"龟"的含义，而且"龟"字还成为"穐"字的声符。

"阄（鬮）"字也是取龟的占卜之义。

| 篆 | 楷 |

"阄（鬮）"未见比较古老的字形，我们能看到最早的字形是篆字，是由"鬥"和"龟"构成，会意的就是以龟相斗，其实就是斗运气。这应该是本义，而不是《说文解字》解释的"斗取"。"阄"字也是以"龟"作为声符。因此，"龟"字最初的读音应该是"秋"。

综上所述，龟自远古时期，就被奉为圣灵之物。它所具备的灵性，一是来自它代表了化生万物的水，二是来自它长寿意象带来的灵验之性，它也因此成为远古时期财富的象征。

其实在古人那里，龟悠游自在的姿态，还被赋予了置身尘世之外的逍遥意象，比如超脱尘世价值观的庄子，就曾把自己比喻为趴在烂泥之中的龟。

《庄子·秋水》中有一段庄子与前来邀请他到楚国做官的楚国使者之间的对话：

> 庄子钓于濮水。楚王使大夫二人往先焉，曰："愿以境内累矣！"
>
> 庄子持竿不顾，曰："吾闻楚有神龟，死已三千岁矣。王以巾笥而藏之庙堂之上。此龟者，宁其死为留骨而贵乎？宁其生而曳尾于涂中乎？"
>
> 二大夫曰："宁生而曳尾涂中。"庄子曰："往矣！吾将曳尾于涂中。"

由此可见，庄子认为，龟虽然被人奉为神灵，但这并不是龟所情愿的。按照龟的本义，同样也是庄子的本义，与其到庙堂之上做神龟、到朝廷当中做大官，远不如在野外蹚泥塘子来得逍遥自在。看来，庄子才是龟真正的知音。

蜃——迷幻世界的图景

蜃在中国古代，是一个充满了迷幻想象的动物。古人为什么会把令人神往的神仙世界寄托于蜃，这种想象的来源成为一个千古之谜。

按照古人的认知，神仙的世界，从世间的角度来看一定是一个虚幻不定的存在，而这种虚幻不定的景象的的确确曾经显现于人间。这种景象，如果发生在陆地，就称之为山市；如果发生于海上，则称之为海市，或者海市蜃楼。

关于山市，最著名的记载是《聊斋志异》，出现的地方是山东淄博的奂山。书中说：

> 奂山山市，邑八景之一也，然数年恒不一见。孙公子禹年，与同人饮楼上，忽见山头有孤塔耸起，高插青冥。相顾惊疑，念近中无此禅院。无何，见宫殿数十所，碧瓦飞甍，始悟为山市。未几，高垣睥睨，连亘六七里，居然城郭矣。中有楼若者、堂若者、坊若者，历历在目，以亿万计。忽大风起，尘气莽然，城市依稀而已。既而风定天清，一切乌有；惟危楼一座，直接霄汉。楼五架，窗扉皆洞开，一行有五点明处，楼外天也。层层指数：楼愈高则明渐小；数至八层，才如星点，又其上则黯然飘缈，不可计其层次矣。而

> 楼上人往来屑屑,或凭或立,不一状。逾时楼渐低,可见其
> 顶,又渐如常楼,又渐如高舍,倏忽如拳如豆,遂不可见。
> 又闻有早行者,见山上人烟市肆,与世无别,故又名"鬼
> 市"云。

这段文字记述了一段山市的经过。说的是一个叫孙禹年的公
子,与几位朋友在楼中饮酒,忽然看见山头上冒出了一座高耸入
云的孤塔。因为大家都是本地人,对附近的情况都很熟悉,知道
山顶并无寺庙,所以非常惊奇。

而没过多久,景色发生了变化,出现了几十所宫殿,这时候
大家才醒悟到原来他们看到了难得一见的山市。

此后,山市的规模还在扩大,出现了高大的城墙,绵延六七
里,是一座城郭模样,里面有楼、有堂、有坊,历历在目,数也
数不清。忽然起一阵大风,尘土泛起,能见度降低,城市开始模
糊。等风定天清,原来的城市一切化为乌有,只剩下极高的楼阁
直插霄汉,因为太高,楼阁根本数不清层数。楼上还有人来人往,
各种姿态。接下来楼又慢慢降低,乃至看见楼顶,又渐渐低到与
平常的楼阁相近,并还在不断地变小,变成拳头大小,变成黄豆
大小,最后小到看不见。

而海市,主要发生在山东东部沿海,尤其是蓬莱一带。《梦溪
笔谈》中有一段记载:

> 登州海中,时有云气,如宫室、台观、城堞、人物、车马、
> 冠盖,历历可见,谓之"海市"。或曰"蛟蜃之气所为",疑不
> 然也。欧阳文忠曾出使河朔,过高唐县,驿舍中夜有鬼神
> 自空中过,车马人畜之声一一可辨,其说甚详,此不具纪。

问本处父老，云："二十年前尝昼过县，亦历历见人物。"土
人亦谓之"海市"，与登州所见大略相类也。

海错图

这一段文字其实记载了两处"海市"，一处是古登州（今山东
蓬莱），发生在海中，是名副其实的"海市"；另一处则是高唐县，
出自欧阳修的一段经历，当地人也称之为"海市"。沈括认为两者
应该是一回事。

文中说"或曰'蛟蜃之气所为'"，这也是这一现象被称作
"海市蜃楼"的原因。

明陆容在《菽园杂记》中专门讲到蜃与海市的关系：

> 蜃气楼台之说，出天官书，其来远矣。或以蜃为大蛤，
> 月令所谓雉入大海为蜃是也。或以为蛇所化。海中此物
> 固多有之。然海滨之地，未尝见有楼台之状。惟登州海
> 市，世传道之，疑以为蜃气所致。苏长公海市诗序谓其尝
> 出于春夏，岁晚不复见，公祷于海神之庙，明日见焉。是又
> 以为可祷，则非蜃气矣。

这一段文字讲到了《史记·天官书》《月令》以及苏东坡的《海市诗序》，并以苏东坡因祷而可见，证明海市蜃楼非蜃气所致。可以说结论有道理，而推理不靠谱。

陆容说到的《天官书》，指的是《史记·天官书》中的"海旁蜄气象楼台；广野气成宫阙然"。而实际上与海市蜃楼相关的大段记载，则是在《史记·封禅书》中：

> 自威、宣、燕昭使人入海求蓬莱、方丈、瀛洲。此三神山者，其傅在勃海中，去人不远；患且至，则船风引而去。盖尝有至者，诸仙人及不死之药皆在焉。其物禽兽尽白，而黄金银为宫阙。未至，望之如云；及到，三神山反居水下。临之，风辄引去，终莫能至云。世主莫不甘心焉。及至秦始皇并天下，至海上，则方士言之不可胜数。始皇自以为至海上而恐不及矣，使人乃赍童男女入海求之。船交海中，皆以风为解，曰未能至，望见之焉。

这一段文字没有说到海市蜃楼，而是说海上仙山的事。传说海上有三座仙山：蓬莱、方丈、瀛洲。从齐威王、燕昭王开始，就不断地派人到海上寻找仙山，一直到秦始皇更是乐此不疲。那么，为什么会传说山东沿海有仙山呢？这无疑与偶尔出现的海市蜃楼有关，所谓仙境，总是会与虚无缥缈有关：还没到，望之如云，等到了，三山就藏到水下了；只要到跟前，总会被风带走。也就是说，仙境只能远看，无法接近。这正是海市蜃楼的特征。

那么，这个神奇的"蜃"，古人是如何造字的呢？

原来"蜃"本作"辰"，换句话说，即"辰"是"蜃"的本字。

最初的字形是蛤蚌开口的形态。此字被借走以后，在蛤蚌的含义上加上"虫"的字素，变成"蜃"或"蜄"字。

甲骨文1　甲骨文2　金文　篆　隶　楷1　楷2

　　甲骨文"辰"字十分形象，描绘的是一个打开壳的蛤蚌吐出长舌的状态。金文蚌舌的形状更加复杂，离原字形稍远。篆字进一步变化，已看不出造字本义。隶变之后在篆字基础上规范化，逐渐变为今字。

海错图

那么，作为"蜃"本字的"辰"最原始的引申义是什么呢？蚌合为静，蚌开则为动。蚌的一开一合，恰好象征了天地乾坤之开合。开为动，因此"辰"衍生出"震"的含义。动则变，正是因为变，所以蜃居然与其他两种看起来毫不相干的动物联系了起来，这两种动物分别为雉和龙。

　　雉，也就是现在所说的野鸡。雉与蜃，一个在山林中飞，一个沉伏在海中，两者如何神奇地联系起来了呢？

　　《月令》中说："孟冬之月……水始冰，地始冻。雉入大水为蜃，虹藏不见。"

这里讲到孟冬之月的几个特征：一、水开始结冰；二、大地开始上冻；三、雉入于大水之中，变身为蜃；四、虹隐身不再出现。

前两者是自然现象，没有什么神奇之处，"虹藏不见"虽然也有想象的成分，但毕竟是说冬天难见彩虹，也是一种关于自然现象的解释。但"雉入大水为蜃"的想象力则大大超出了我们的理解能力。能够飞翔于林中的雉怎么会变成水中的蜃呢？

古人注"蜃"曰：大蛤为蜃。也就是说，水中的蛤蚌，小的叫蛤，大的叫蜃。《月令》说到"季秋之月"，也就是"孟冬之月"的前一个月时说："爵入大水为蛤。"爵就是雀，"雀"字上"小"下"隹"，会意小鸟。因此，把二者联系起来，那么，《月令》就讲到了两种鸟变成蛤蚌的事：深秋时节，雀入水变成了蛤；接下来的初冬时节，雉入水变成了蜃。即小鸟先变，大鸟后变；小鸟变成小蛤蚌，大鸟变成大蛤蚌。

海错图

这种鸟变为水生蛤蚌的惊人想象，说实话很难找到令人信服的线索。从表层上看，只能从两者外形上找到一些共同点。比如：蛤蚌的介壳与鸟的羽翼类似，鸟在飞翔的时候打开羽翼，降落停止的时候合上羽翼，开合羽翼对应了鸟的动与静；蛤蚌在摄食的时候打开介壳，遇到危险或者休息时合上介壳。其次，鸟的羽毛花纹艳丽，而蛤蚌的介壳和房膜也分别有美丽的花纹和彩晕。

那么，从文化的角度，二者是如何发生关系呢？《海错图》的作者另辟蹊径，通过与蜃相关的另外一种动物龙做了一大段文字的考证：

> 凡蚌、蚬、蛏、蚶、蛤蜊、蛎蚝等物，皆海中甲虫也。蜃亦负甲，如蛤而大，字独从辰。辰本龙属，与凡介不同，其所以属龙之故，以愚揆之，必有深意。考《左传》：宋文公卒，始厚葬，用蜃灰。蜃灰如闽广海滨之蛎灰也，其为蛤属无疑。《登州府志》载：城北去海五里，春夏时遥见水面有城郭，市肆人马往来若交易状，土人谓之海市。……蜃形如蛤，其房膜五色，光华结而为气，遂与日月争辉、云霞比色。所谓玉蕴则山辉，珠涵则水媚，有诸内必形诸外也，况蜃尤非凡介之比。考《汇书奥乘》载，鲁至刚云：正月蛇与雉交生卵，遇雷即入土数丈，为蛇形，二三百年能升腾。如卵不入土，但为雉耳。父蛇之雉或不能成蛟龙，则必入于海而化为蜃，此入大水为蜃之雉必非凡雉，有龙之脉存焉，故字从辰。或谓蛇与雉交，亦安见其为龙乎？不知蛇有为龙之道。《述异记》载：虺五百年化为蛟，蛟千年化为龙，则雉之得交于龙，必成异种。况雉又为文明之禽，一旦应候，化而为蜃，其抱负之气终不沉沦，遂得流露英华以吐奇气于两间，堪与化工之笔共垂不朽。此蜃之所以独钟于雉，而非凡介之所能仿佛也。

　　总起来说，大约可以概括为这样几点：一、海市蜃楼出现于东海，辰与龙由此被联系起来。二、蜃的房膜显现出五色，颜色极为艳丽，与雉羽毛的艳丽可以类比。三、《汇书奥乘》中有更为大胆的想象，正月时蛇与雉相交，并产下卵，这也许与鸟和蛇都为卵生动物有关，这些卵遇到春雷，就可以潜入地下数丈，变成蛇形，二三百年后就可以升腾而出，升腾之蛇，自然就是龙。不能入土的，则成为雉。龙可入于水，雉有与龙相同的基因，因此也可以入于水，但入水以后需要变换形态，于是就成了蜃。而蛇与龙的关系，则参考了《述异记》的"虺五百年化为蛟，蛟千年化为龙"，岁月的积累就可以使蛇一变为蛟，蛟一变为龙。因此，龙与蛇、雉本为同根，而蜃是雉在水中的另外一种化身，所以蜃与龙亦为同根。所以，"父蛇之雉或不能成蛟龙，则必入于海而化为蜃，此入大水为蜃之雉必非凡雉，有龙之脉存焉，故字从辰"。

　　这的确是一种令人感佩的想象力，而这种想象力正表现了中国古代万物皆有联系的哲学观念。

　　既然龙与蜃同根，那么龙身上也必有与蜃相关联的痕迹，因此，在龙的形象上自然就会出现蜃的痕迹。

　　古人是如何描述龙的形象呢？《尔雅翼》说："角似鹿，头似驼，眼似鬼，项似蛇，腹似蜃，鳞似鱼，爪似鹰，掌似虎，耳似牛。"

　　由此可见，龙是由鹿、驼、鬼、蛇、蜃、鱼、鹰、虎、牛等各种动物拼起来的，其中把面积最大的腹部留给了蜃，这或许正是《海错图》把龙和蜃想象为拥有同一基因的原因。

　　雉入水化为蜃，蜃吐气而幻化仙境图景，雉、蜃、龙来自同一基因，这些纠缠在一起的意象，以一种神秘色彩诠释中国文化的灵性。其发起处，来源于"辰"字动的义项。

如前面字形分析，"辰"字是画了一幅蛤蚌开壳图。蜃的两扇介壳象征了乾坤之门，现实世界来自寂然不动的一，而当一打开乾坤之门，一就变成了二。一生二，就有了阴阳。当蜃舌从介壳中探出，生命的活力登场，静态的本原世界就化成动态的万法世界。

蚌壳

"辰"的动义，通过字素的增加，得到不同的体现。比如加上手的"振"字，衍生振动的含义。"振"可以代表一切动。如果加上"女"字，则变成"娠"字，这是来自母性的生命孕育，与世间生命有关。如果加上"日"字，则变成"晨"字，这是属性为静的夜与属性为动的昼之间的临界线，"晨"将从静的夜变为动的昼。如果加上"雨"字，则变成"震"字，这是与自然界最具震撼力的动——雷有关。而雷震与生命起源同样有关，《周易·系辞》说："刚柔相摩，八卦相荡。鼓之以雷霆，润之以风雨。日月运行，一寒一暑。乾道成男，坤道成女。乾知大始，坤作成物。"刚柔即阴阳，即乾坤，乾坤之道之所以化作男女，之所以从"太始"而成万物，除了二者相摩之外，还要"鼓之以雷霆，润之以风雨"。电闪雷鸣，风雨交加，这是生命的开始。

因此生命的起源就与两个因素有关：第一是滋养之物，第二是生成之方位。前者导致太一生水，后者导致帝出乎震。

太一生水，因此需要找到水中的对应之物，于是古人选择了蜃。娠、晨、震都是一种开启。帝出乎震，是说造物缘起来源于代表东方的震。震卦在后天八卦中代表东方。而"震"字的造字来源于描绘蜃的"辰"字，在十二支与十二生肖的对应中，辰又对应于龙，在四象当中，龙对应的方位正是东方。恰巧海市蜃楼也是来自东海。所有的开启都来自东方。

这一切，都来自蜃的意象，因此《史记·历书》云："辰者，言万物之蜃也。"

既然辰（即蜃）是万物起源处，那么，信奉自然之道的农耕民族同样把农事与蜃紧密相关。《说文解字》说："辰，震也。三月，阳气动，雷电振，民农时也。"辰为地支第五位，对应于夏历三月，有雷电开始出现，进入春耕季节。

而"农（農）"字从"辰"，或与时节有关，或与古代农业使用蚌制农具有关。

甲骨文1　甲骨文2　金文1　金文2　说文古　说文籀　　隶

甲骨文与金文的"農"字主体部分即"辰"字，上面或为"林"字或为"艸"字，"林"和"艸"都用来代表植物。还有一种字形，下面加一只手，其实就是"蓐"字，会意以手的动作达成植物的种植。可见，最初的"蓐"字本义更近似"農"。作为农具的"耨"字也是生发于"蓐"。

中国是一个古老的农耕民族，在金属发明之前，蚌器曾经被广泛应用。

比如在1万多年前的江西仙人洞遗址中就发现有带孔的蚌器，如果加上手柄，就可以作为蚌铲使用，这可能就是最早的"耨"。

而在整个新石器时代，许多遗址中都发现有蚌刀、蚌镰之类的农耕工具。只是由于蚌器不像石器那样容易保存，所以，相对于石器来说，发现的数量相对有限。在没有金属器具的情况下，一些大的河蚌更有利于加工成锋利的农具，因此，新石器时代蚌器运用的普遍是可以想见的。这也是与农业相关的字形当中常见"辰"的原因之一。而古代先民把蜃作为一种神奇的存在，或许也与作为农具的蚌器有一定的关联。

总的说来，从"辰"的造字、古代文献以及考古发现，我们可以感受到蜃对中国古代先民巨大的影响，它关系到生命的起源、龙图腾的产生，以及人们对神仙世界的向往，它从一个普通农业工具的原料，逐渐进入人类的精神世界，成为古人惊人想象力的神奇素材。

史前时代的蚌镰

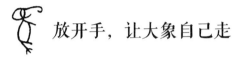 ## 放开手，让大象自己走

　　从人类有能力认知这个世界开始，大象就是陆地上体型最大的动物，因此，大象毫无疑义会被赋予重大的文化含义。

　　那么，古代中国是如何使用大象的文化含义呢？

　　要想了解这个问题，我们借来了一个独特的视角，这个视角就是老子的"无为"。

　　在中国，老子之所以被熟知，原因是老子（也有人认为是托名老子）曾经写过一部五千言的《道德经》。在这部《道德经》中老子讲到了本体论的道和方法论的"无为"。

　　老子认为这个世界万象的呈现及其运行，是道的一种显现。"道生一，一生二，二生三，三生万物。"所以道是这个现象世界的根源。

　　那么，道究竟是什么呢？道是看不见、摸不着，却无处不在、无时不在的那个宇宙根本。老子说："有物混成，先天地生。寂兮寥兮，独立而不改，周行而不殆。吾不知其名，故字之曰道。"

　　因为道无可抗拒，所以我们只有遵循于道，才能保障我们的生存。那么，如何遵循于道呢？老子提出的办法就是"无为"。许多人会认为，老子所说的"无为"，就是躺在那里什么也不做。其实躺在那里什么也不做，就等同于鸟不在天上飞、鱼不在水中游一样，是不折不扣的对老子"无为"的违反。

那么，我们应该如何理解老子的"无为"呢？

远古的造字给我们提供了一条正确的思路。

我们来看看这个"为"字。

今天的"爲"字我们已经完全看不出造字的本义。而对"爲"字造字的无法认知，其实从许慎的《说文解字》就已经开始了。《说文解字》说："爲，母猴也。其爲禽好爪。""爲"，于是成了母猴，而且是好用爪子的母猴。原因是篆字的"爲"字看起来，很像一只抓耳挠腮的猴子。

难道猴子抓耳挠腮就是"爲"吗？其实这种误解，完全是篆字字形讹变造成的。如果许慎看到了甲骨文和金文，就不会犯这种错误了。

那么，"爲"字的造字到底是什么含义呢？甲骨文和金文可以给出清晰的答案。

下面的这行字形可以看出"爲"字演变的脉络。

甲骨文　金文1　金文2　金文3　石鼓　篆　　隶　　楷

从甲骨文和金文我们可以看出，"为（爲）"的形象来源于以手牵象，跟母猴没有任何关系。甲骨文字形最为形象，是一只手牵着大象的鼻子走，这就是有所作为。但金文2之后在手和大象之间多了一个类似于"人"的连接，因为有了这个连接，大象的鼻子被迫歪到一边，所以导致了篆字变形后，已经看不出和大象有什么关系了。

大象本来是自由自在的野生动物，可以按照自己的意志行走。但人通过手牵，加入了人为的干预，大象就不能按照本来的意愿行走了，人往哪里牵，大象只能往哪里走。这就是"爲"字造字的本义，其本身就自带哲学含义。

由此，我们就理解了"为"和"无为"的含义：

为，就是牵着大象走。

而无为就是放下牵象的手。或者象走，你跟着走；或者你走，象跟着走。

所以，老子说的"无为"，其实就是放手。

那么，这头象，到底意味着什么呢？

我们还是从"象"字的字形入手。

"象"字的起源是象形字，从甲骨文和商代金文来看，是一个生动的大象形象。大象的第一特征就是长鼻子，第二特征就是长长的象牙，除此之外，和猪的形象比较接近。

甲骨文　　金文　　战国简　　篆　　　隶　　　楷

甲骨文和商代金文都是标准的大象形象，长长的鼻子，而且可以自由弯曲，阔大的耳朵，伸出嘴巴的象牙，还有肥硕的身体和短尾。周代金文虽然还可以看出象鼻、象牙、身体、四肢以及尾巴，但已经发生了变形。到篆字基本看不出象鼻、象牙和象头的关系，只是残留身体和四肢的形象，看起来像个上面更加繁复的"豕"字。

因为大象是古人眼中最大的动物，因此古人称世间的现象为"象"。

不过，"象"字的哲学含义，韩非子另有不同的解读。韩非子

大象

说："人希见生象也，而得死象之骨，案其图以想其生也，故诸人之所以意想者皆谓之象也。今道虽不可得闻见，圣人执其见功以处见其形，故曰：无状之状，无物之象。"

那么，韩非子这段话是在说什么呢？韩非子这段话出自《韩非子·解老》，也就是说，他的这段话正是在解读《老子》，而所要解读的正是《老子》第十四章所说的"无状之状，无物之象"。

韩非子的意思是说：人很少能够看见活着的象，人能够见到的是死象的骨，人根据死象的骨来想象活象的模样，所以大家所想象的谓之为象。今天所说的道虽然听不见看不见，但是圣人通过所见而想象出它的存在，这就是老子所说的"无状之状，无物之象"。

韩非子这里对老子关于"道"的解读还是颇有真知灼见的，但对"象"这个哲学概念的解读则是囿于当时的见识了。也就是说，在韩非子所生活的时代，像韩非子一样生活在中原地区的人很难见到活体的象，那么，是不是自古以来，或者说"象"作为概念被提出的年代，中原地区就没有大象出没呢？其实"象"的造字已经提供了答案。如果甲骨文时代人们没有见到真实的大象，就不会创造出极其形象的"象"字了。

退一步说，"象"的造字如果只能算作一种间接证据的话，那么我们是否能得到更为直接的证据呢？答案是肯定的。因为文献和考古资料为我们提供了大量的直接证据。

我们不必远溯到洪荒时代，只从新石器中期到商代这个时间段，就可以找到许多的直接证据。而在这些证据当中，以商代为多。

在5000多年前的大汶口文化遗址，曾经在一座大墓当中出土一枚极为精致的象牙梳，这与传说东夷地区多象相吻合。不过，新石器时代出土的有关象的制品为数不多，这可能与当时的先民狩猎大象的难度有关，或者与先民对这种最大型动物的崇拜有关。而当时的象牙制品，可能来自死亡的大象，所以比较罕见。

关于商代之前的文献资料，其实也比较有限。《史记》记载，大舜曾经耕作于历山。有观点认为这座历山就是今天济南的千佛山，当地历城、历下的地名就与此有关，如今在济南还有舜井街、舜耕路等地名。当然，关于历山的地望，还有其他的观点。

大汶口遗址象牙梳

那么舜耕与大象有什么关系呢？《文选》中所收左思《吴都赋》说："象耕鸟耘，此之自与。"李善注引《越绝书》说："舜死苍梧，象为之耕；禹葬会稽，鸟为之耘。"皇甫谧《帝王世纪》中也有类似记载。由此生发了舜以象耕的联想。

舜与大象的联系，不仅是象耕一件事，舜还有一个同父异母的弟弟，就叫象。不过这个叫象的弟弟可不是个善良之辈，他与他们的父亲瞽叟多次谋害哥哥，但一一被舜化解。舜每次都没有让父亲和弟弟害他的诡计得逞，被孔子所称颂，因为孔子认为这是为了不使他的父亲背负害子的恶名，这才是一种大孝、饱含智慧的孝。《孔子家语·六本》记载了孔子的一段话："昔瞽瞍有子曰舜，舜之事瞽瞍，欲使之，未尝不在于侧；索而杀之，未尝可得。"意思是：瞽瞍需要舜的时候，舜总是出现在父亲身旁；但当父亲想要害他的时候，总也找不到他。

那么，舜的父亲和弟弟为什么每每要置舜于死地呢？如果撇开孝道故事的外衣，很可能与隐藏的古史有关。舜的弟弟象，很可能代表了一个以象为族徽的部族，是舜的一个兄弟部族。两个部族一直在争夺部族联盟的控制权，所以才发生了争执。而舜最终以象耕，则象征了最终对象部族的征服。

徐中舒在《殷人服象及象之南迁》一文中考证："传说又有舜弟象封于有庳，或作有鼻。庳、鼻，古实一字。象与鼻有显著之联想关系，疑此传说，即由服象之事附会而起。有鼻之封，事既玄虚，而注家务欲质实其地。顾炎武《日知录》云：'舜都蒲阪而封象于道州鼻亭。'自注云：《水经注》王隐曰：'应阳县本泉陵之北部，东五里有鼻墟，象所封也，山下有象庙。'"

从这些资料上看，不论是考古资料中的大汶口文化遗址出土的象牙梳，还是文献中关于舜的传说，均为比较微弱的证据。但到商代以后，则大为不同，不论是文献，还是考古材料，都极为丰富。

在甲骨文卜辞当中，就有"获象"的记录，所以商代的人已经有能力猎取大象。甲骨文中关于"获象"的记录，得到了考古发掘资料的支撑。在殷墟的历次发掘当中，屡屡发现过象坑。1978年在西北岗墓群中发掘的象坑中出土了一副小象的完整骨架，而且在小象的颈部还有一个铜铃。有人由此推测，这头小象很可能是墓主人生前的宠物。这头小象属于亚洲象。在著名的妇好墓当中，还出土过玉象，整体形象小巧精致，身体肥硕，短足，阔耳，象鼻上扬内卷，身上、耳部饰有花纹，口中尚无象牙，憨态可掬，明显是一头幼象，犹如象坑中幼象的雕像。

殷墟象坑　　　　　　　　妇好墓玉象

　　中原地区早年有象，还有来自地名的证据。托名大禹所作的《禹贡》较早提到了九州，其中就有豫州的名字。豫州的范围差不多就在中原的腹心地带。徐中舒认为，"豫"字中的"予"，乃"邑"字之讹，从所举布币铭文中"邑"的字形看，确实与篆字的"予"字极为接近。按照这种观点，所谓豫州，其实就是象州，因为是地名，所以在"象"字旁边加了一个"邑"字，类似"郑""邠""邵"等字。这种解读可备一说。

布币铭文"邑"　篆字"予"

　　但实际上，将"豫"字看作"予"与"象"的组合，也足以证明地名的来历与本地产象有关。"予"也可以视为"舒""抒"等字的本字，表达的是舒缓、宽松之义。《说文解字》解"豫"为"象之大者"，又说"贾侍中说，不害于物"。象的特点为体型硕大，动作缓慢，性格温顺，而其大者以上特点则更为突出，因此用"豫"来指称行动更为舒缓的大型象，则在情理之中。而这个本义为大型象的"豫"字由此又引申出心情舒缓、宽松、喜悦的含义。所以段注引《释诂》说："豫，乐也。"

《周易》中豫卦的豫，即通常被解读为喜悦义。

中原地区早年有象，还有另外一个证据，即商代青铜器上的族徽铭文"象"。这个象族徽的铭文，其实就是一幅大象的画像。卷曲的鼻子、宽大的耳朵、短小的尾巴，象头部分还挖了一个圆圆的眼睛。

以大象为族徽的部族，一般有两种推测：
一、这是一个崇拜大象的部族，比如以大象为图腾；二、这是一个以饲养大象为职业的部族。或者二者兼而有之。不知这个象族是否就是舜帝的弟弟象的后裔。

从以上的分析可以认定，商代时期，在商朝统治的核心地区，有亚洲象生存应该没有异议。那么，为什么亚洲象后来在中原一带消失了呢？《吕氏春秋》当中有一段记载，这就是著名的"商人服象"的记载。《吕氏春秋·古乐》说："商人服象，为虐于东夷。周公遂以师逐之，至于江南。"

这段记载中至少包含了三个信息：一、商人与象的关系。二、象与东夷的关系。三、象的栖息地变迁的原因。

"商人服象"的"服"字，本字为"服"字的右半部分"𠬝"。
"𠬝"和"印"字非常相像，"印"是从人的面前用手自上而下往下压，是压抑的意思。而"𠬝"则是从人的背后用手从侧面控制住，是降服的意思。甲骨文中的"𠬝"是祭祀中的牺牲，比如牛、羊、豕等。

因为祭品是摆在盘子里，而意为盘子的"皿"字和"舟"字字形相近，两个字经常混用，所以，在"𠬝"旁边加了一个"舟"字，隶变之后"舟"字讹为"月"字。

𠬝：　甲骨文　　金文　　篆

服：　甲骨文　金文1　金文2　篆　帛书　隶　楷

甲骨文中"𠬝"和"服"两种字形兼有，"服"字是"舟"和"𠬝"的组合。金文也是"舟"与"𠬝"的组合，直到篆字、帛书，左边的"舟"字仍然可以看出痕迹。

从"服"的造字本义来看，"商人服象"的"服"字释读为驯服更为妥当。按照这种理解，商代时期不仅中原地区有野生象，而且也有被商人驯化的象，这从出土的象骨架已经得到证明。

因此"商人服象，为虐于东夷"，应该理解为商人通过驯化大象，并把大象投入到战争，让东夷人吃尽了苦头。商人也起源于东方，与东夷人比邻，所以按说东夷也产象，假如舜耕历山的历山的确是在今天的济南，而耕地用的又是象，那么东夷地区有象应该没有问题。只是东夷人还没有想到把大象投入战争，所以被商人用大象打败。

而"周公遂以师逐之，至于江南"，则是说，周公为了排除商人驯象带来的隐患，就派军队把象群赶到了江南，从此长江以北就不再有象群的出没了。

这就是《吕氏春秋》交代的大象南迁的原因，也就是说，大象之所以南迁，是人为的原因。

且不论大象在北方的绝迹，是否与周公派兵驱赶有直接的关系，但把人为因素作为其中的原因之一应该说得通。或许在周代，随着人口的增加，耕地面积的扩大，造成了对大象生活环境的挤压。不过，在那个时代，物种生活区域的变迁，恐怕更多的是来自气候变化的原因。

周代以后，温暖期逐渐结束，长江以北不再适合大象的生存，这也许是大象南迁的根本原因。

不管怎么说，在周代以前，尤其是正处在造字鼎盛期的商代，大象并不稀见是可以肯定的，因此说，韩非子对哲学含义的"象"生成的原因，解读是不妥的。当然，韩非子所处的时代，相距大象出没于中原地区的时代已经过去了七八百年，所以韩非子有此认知也不足为怪。

从以上关于大象生活区域的分析，我们得出的结论是，"象"之所以被古人代指世间万象，其主要原因还是来自对这种陆地最大动物的印象。以一种大型动物来包罗万象，更符合思维逻辑。其实，除了大象这种体型巨大的动物之外，古人也会把身边常见的大型动物作为世间万象的代指，比如马。

在帛书本《周易·系辞》当中，所有的"象"字，都是用

商周时期的象尊

"马"来取代。所以，那时候用"象"还是用"马"并不怎么固定。这也从侧面表明，"象"被借为现象的"象"，更多的原因来自它的巨大体型。

那么，在老子《道德经》当中，"象"代表什么含义呢？《道德经》中"象"字一共出现过五次，分别是："象帝之先"，"无状之状，无物之象，是谓惚恍"，"惚兮恍兮，其中有象；恍兮惚兮，其中有物"，"执大象，天下往"，"大象无形"。除却"象帝之先"，其余四处可以概括为两层含义：第一层含义是"无物之象"和"其中有象"，这里的"象"与"物"相对应，是器世界的象，是"恍惚"或者"惚恍"的外化。而另外两处都是"大象"，也就是"象"之极致，象之极致，其实就是无象，是回归"恍惚"，也就是"道"可以把握的那个层面，虽然无形，但可以感受到，并可以遵循。这是第二层含义。

老子"无为"当中的那个"爲"字所蕴含的"象"正是第二层含义的"象"。也就是说，"爲"因为有一只手的出现，成为对道的干预，干预道就是人类烦恼的根源。

人类用自以为聪明的技巧不断地干预天道，以此推动文明的发展。而老子认为这种文明的推进，其实正是以顶级智慧也就是遵循天道的智慧不断退化的形式而实现的，所以，老子说："失道而后德，失德而后仁，失仁而后义，失义而后礼。"而人类文明对大自然的掠夺逐渐连最后的"礼"这块遮羞布也扔掉了，人类正在通过赤裸裸的野蛮掠夺摧毁地球生命的家园，最后的结局就是连自己一起摧毁。所以人类是把最终极的愚蠢当作了笑傲其他生命的高级智慧。

　　那么人类的出路在哪里？

　　其实早在两千多年前，老子已经给出了解决的方案，这个方案就是"无为"。"爲"是手牵大象走，"无为"就是放下人类的手，让大象自己走。

虎—— 一线之隔的恐惧与敬畏

　　自古至今，老虎都不是人们日常生活当中的常见动物，但却是古代中国意念中的常见主题。

　　老虎的凶猛与威武在古人的记忆中，烙下了相互套叠的复杂而矛盾的深刻印迹，影响了古代生活的方方面面。可以说，"虎"的造字就体现了古人对老虎的这种充满了矛盾和纠结的心理。

甲骨文 1　　甲骨文 2　　金文 1　金文 2　　秦公石磬　　篆　　　楷

　　"虎"字早期字形可以参见甲骨文和商代金文，商代族徽式的金文（金文 1）完全是画了一只老虎的形象，虎头、虎身、虎尾和前后肢俱全，而且虎头部分的虎口、虎目、虎耳都十分写实，另一个重要的特征则是虎身上的虎纹。组合起来，就是一只威风凛凛、让人心生恐惧的老虎形象。甲骨文因为只能刻画线条，所以有一定的抽象性，但是虎头、虎身、虎尾、前后肢以及虎纹这些要素都有，重点夸张了张开的巨口，强调了虎会吞噬生命的危险性，以及虎啸的震慑力，这个传统一直延续到后来的字形。周代金文因为变成线条文字，进一步符号化，虎身变成了线条，无法表现出虎纹，为了表达虎的震慑力，继续夸张张开的巨口。之后的篆字至今字即沿着这个字形演变而来。

　　从"虎"字的早期字形，我们可以看出古人造字时的心态：张开的巨口首先表达了古人的恐惧心理。而配之以虎纹之后，又派生出由虎的威仪生发的敬畏。这大约是虎的文化含义的主体部分，但实际上虎的文化含义远不止于此，我们在这里首先要提到的就是虎所代表的生气。

殷墟玉虎

　　中国最古老的辩证思维模式就是来自《周易》的阴阳，由太极而生发的阴阳可以涵盖现实世界的一切现象。比如动静就是一组典型的阴阳，动为阳，静为阴。虎啸带来的空气震动，传导为心理的震动，因此虎是作为阳动的最好的象征物。

　　从季节的角度来看，冬至一阳始生，到初春的三阳开泰，反映了一个阳动的增强过程，这个过程古人就用虎作为象征，因此，在十二生肖当中，就用虎对应了初春的寅月，虎因此被赋予了生气勃发的文化含义。在这个含义上，虎变成了温暖乃至吉祥的符号，面相从恐怖转换为可亲。比如民俗当中的虎头鞋，比如一个活泼健壮的男孩会被夸为虎头虎脑，比如龙腾虎跃的成语。

虎头鞋是民间的一种手工童鞋，通常是幼儿冬季穿的棉鞋，往往与棉裤连体。除了保暖之外，主要的寓意是祈祷幼儿在虎头的加持下健壮成长。因为是幼儿用品，所以老虎的形象由威严变成了亲切可爱，虽然虎头的形象也可以赋予辟邪的元素，但祈福仍为主体寓意，所寄托的则更多的是母爱。

虎头鞋

虎头鞋为幼儿所穿，同样也对应了生命的起始。

我们曾经讲过伏羲氏被古代中国视为人类始祖，而伏羲氏的"伏"字在文献中有时还被写作"虙"，"必"为声符，"虍"为义符。在这里，以"虍"为义符，用的仍然是生命起始的文化含义。当然，伏羲一词最初用的哪两个字，目前并没有确切的证据。

华夏先祖之一虞舜的"虞"显然也与虎有关。舜称作虞舜，是因为舜为有虞氏，而有虞氏的得名一般认为来自虞地。"虞"在《说文解字》中的解读是："驺虞也。白虎黑文，尾长于身。仁兽，食自死之肉。从虍吴声。"也就是说，虞是一种被称作仁兽的白虎，全称叫驺虞，身体白色黑花纹，尾比身子长。

从这种解读来看，虞这个地方的得名或许与产这种白虎有关。但仔细想来则未必，因为这种白虎多半是有神性的传说动物，虞的得名更可能是与一种官职有关，这种官职负责管理山林野兽，而山林野兽可以以虎作为代表。

　　而从造字的角度来说，"虞"最初的含义应该与一种虎戏的娱乐有关。

金文　　　篆　　　隶　　　楷

　　金文"虞"字是虎头与"吴"的结合，以后的字形由此演变而来。而"吴"字是一个歪着头跳舞的人与"口"构成，会意载歌载舞，是"娱"的本字。加一个虎头，会意戴着虎头面具载歌载舞，或许是象征万物更新的歌舞，这也许才是有虞氏的来历。总之，虞舜之"虞"应该也与生命起始有关。

　　在诸多的虎与生命起始相关的证据中，最重要也是最具代表性的还是十二生肖中的虎，而十二生肖是对十二支的一种形象的标注。

　　中国古代的十二支最初的意象来自与十二个月的匹配，而在十二支与十二生肖的对应中，鼠标志一阳始生的子，对应夏历的十一月；牛标志阳上升到第二爻的丑，对应夏历的腊月；虎标志阳上升到第三爻的寅，对应夏历的正月。当阳上升到第三爻时，六爻变成了三阳在下，三阴在上，这是《周易》中的泰卦，象征的是天地相交而生万物。虽然在泰卦当中，有三阳三阴，阴阳处于均势，但阳呈现的是上升的趋势，阴呈现的则是衰减的趋势，因此泰卦代表了大地充满了生气的状态，古人因此选择了虎来作为对应。从十二支的对应来看，寅与虎同义，在日语当中索性把"寅"字读作与"虎"同音。在古代中国二者也往往可以互相联系，比如明朝才子唐寅，取字伯虎，这种名与字的搭配很常见。

从虎或者寅对应生气勃发的季节这个角度来看，虎或者寅被视为吉祥的象征。战国时期的大诗人屈原在他的代表作《离骚》中讲到自己出生时间时，曾经骄傲地说："摄提贞于孟陬兮，惟庚寅吾以降。""摄提"表示岁星处在寅的位置上，通俗地说，也就是寅年；"孟陬"是夏历的正月，对应的是寅月；"庚寅"说的是日。那么加在一起的意思是：屈原于寅年寅月寅日出生，是三寅相叠，可见他的生日是一个多么吉利的日子。正是因为恰巧碰上了这么难得的日子，因此他的父亲才费尽心思地给他起一个好听的名字，所谓"皇览揆余初度兮，肇锡余以嘉名"。

这种虎与寅的关系，等同于虎与春的关系，如果放在方位上，按说对应的是东方，但实际上在代表四方的四象中，排序为东青龙、南朱雀、西白虎、北玄武，也就是说，虎被放在了西方。这种观念非常古老，可以追溯到距今6000多年前濮阳西水坡遗址。摆在人的骨架两边的蚌塑，分别为龙和虎的形象，象征着东青龙、西白虎。

西水坡遗址青龙白虎蚌塑

那么，为什么在标示方位时，虎又被移到了西边呢？究其原因，这次用的是虎的杀气。虎是大型的食肉动物，可以吞噬大多数它所能遇见的生命，所以虎又可以象征杀气。而在四季当中，秋为肃杀的季节，所以这一次是把虎与秋相对应，而秋对应的方位是西方，虎因此又承担起代表西方的角色。而之所以是白虎，是因为白是西方的颜色。从天象的角度，四象中的白虎包含了奎、娄、胃、昴、毕、觜、参七座星宿。也就是说，最初白虎的形象，来自古人对这七座星宿构成图案的想象。

　　除了代表西方的方位，虎的形象还与战争相关。有战争则有杀戮，所以调动军队的兵符被设计为虎形，这就是虎符。春秋战国以后的虎符经常有出土，虎符上往往书写或者雕刻有文字，然后从中间纵向一剖两半，一半在军队的统帅手里，一半在君王的手里。君王需要调兵时，就可以派使者拿着君王手中的一半到军中，与统帅手中的一半比对，如果两者完美契合，说明调兵是君王本意，那么统帅就可以听从使者的调遣。这就是"符合"一词的来历。关于虎符，最出名的就是信陵君窃符救赵的故事。

白虎瓦当

虎符

　　当虎成为杀气的象征之后，虎就不再是那个代表生气的可亲可爱的形象，而是还原了虎的恐怖。古代有些地方会因为出现虎患，而给当地百姓带来灾难，所以武松才因打虎被奉为英雄。与虎患同理的一些地方恶霸土匪，也会被冠之以虎的称谓，比如某某地三虎、某某地八虎，往往代表了当地危害百姓的人。

《晋书》中就记载了一个周处除三害的故事。阳羡人周处年轻时力大无比，武艺高强，横行乡里，危害百姓。有一年阳羡丰收，本该庆祝的百姓却依然愁眉苦脸。周处满心疑惑，就试着问一位乡亲，为什么丰收还不高兴。这位乡亲说，虽然丰收了，但三害不除，民不能安，哪里高兴得起来。周处于是请教是哪三害。这位乡亲回答说：山上的老虎、水中的蛟龙，还有一个就是阁下你啦！周处大吃一惊，才知道自己原来也是地方一害，所以从此发誓要除此三害。他首先上山射死了老虎，然后入水与蛟龙搏斗，结果斗了三天三夜，顺水漂流了几十里，乡亲们以为他和蛟龙都已经死于水中，互相庆贺，结果周处杀死了蛟龙，又回到了村中。不过，当他感觉到百姓对他的恐惧与厌恶之后，他决定痛改前非，拜在陆机和陆云门下寒窗苦读，终于成为三国以及西晋时期的著名将领。

那么，前面所说的连丰收也高兴不起来的心态，古人在造字时是如何表达的呢？这就是"虑（慮）"字的由来。"虑（慮）"字可以视为会意字，由虎头与"思"字构成。一个人总想着老虎，象征着对一种危险状况的担忧，所以"慮"字最初的含义是因恐惧而生成的担忧，后来泛指一切担忧，甚至可以引申为长久或深刻的思考。

郭店简　　云梦战国简

　　不过，凡事总有阴阳两面，这种担忧的情绪未必都是坏事。对危险状况的担忧，又生发了中国古代重要的处世法宝——敬畏心。

　　《周易》当中有一卦履卦，就是用"履虎尾"来象征危险，以及由对危险的恐惧而生发的敬畏心。

　　履卦的卦辞非常有意思，原文是："履虎尾，不咥人。"一个人踩到了老虎的尾巴，这是一件极其危险的事。我们可以想象一下，如果一只正在打盹儿的老虎被踩到了尾巴，会是什么结局？按照通常理解，老虎会勃然大怒，然后把这个人撕碎、吃掉。但卦辞接下来说："不咥人。"这一次老虎非常温和，并没有袭击这个人，把他吃掉。也就是说，虽然发生了"履虎尾"这么危险的事，但结局却是平安。这很反常，那么反常的原因是什么呢？

　　答案就在履卦九四爻的爻辞："履虎尾，愬愬，终吉。"原来是"愬愬"救了这个人的命。"愬愬"，意思是恐惧警惕的样子。这个恐惧警惕，代表的就是敬畏心。一个人处于恐惧警惕的状态，是不可能踩到老虎的尾巴，所以这种敬畏心其实等同于防患于未然。由此一来，我们就可以领悟到《周易》真实的用意是用"履虎尾"来象征危险，而不是实际的踩到老虎的尾巴。当你面临危险的时候，或者还在危险出现之前，已经准备了满满的敬畏心，那么这种危险就不会真实发生，所以才会有一个"终吉"的结果。

　　古人对敬畏心的重视几乎超越一切，所以在造"人"字的时候，才会选择侧身弓背的形象，而没有选择正面站立的形象。因为古人总结出，只要有足够的敬畏心，危险才会远离。远古时期的人类，并没有完全摆脱丛林，身边的危险可以说无处不在，有来自猛兽的危险，有来自自然的危险。为了减少危险的发生，古人逐渐养成了敬畏的心理习惯，并把它作为文化基因一代代传承下来。

　　作为生活在钢筋水泥铸造的丛林中的现代人，危险不再那么直观，所以无法体味敬畏心对于人类的重要性，从而一步一步地失去敬畏心，在还没有认真解决文化和伦理层面的许多问题之前，把手伸到物质的原子层面、生命的基因层面，企图越俎代庖，替代造物主的职能，把人类自己以及地球生命推到毁灭的边缘而不自知。可见，敬畏心的缺失有多么可怕。

　　那么，我们应该如何应用敬畏心呢？其实《周易》给我们提供过一个方案。我们再来看履卦的六三爻爻辞："眇能视，跛能履。履虎尾，咥人，凶。"

　　履卦六三爻是全卦唯一的阴爻，恰恰代表了以自视柔弱为特征的敬畏心。

　　"眇"本义应为视力微弱，后来也用来指瞎了一只眼睛。"眇"的字形，左边是"目"右边是"少"，意思是少了一只眼睛。少了一只眼睛，视力当然就会受到影响。实际上可以指视力缺陷。"跛"则是瘸腿的意思。

　　履卦 ䷘ 六三爻是说，即使瞎了一只眼睛，依然可以看见；即使瘸了腿，依然可以走路。但即使不瞎不瘸，如果踩到虎尾，就会被虎吃掉。从《周易》的角度来看，瞎了眼睛瘸了腿未必是什么坏事，但去做危险的事就不会有什么好的结果。原来"眇"和"跛"居然是一种绝妙的智慧。

　　因此，敬畏心的应用，就是人类把自己看成一种有缺陷、并不强大的存在，甚至于主动地追求缺陷和柔弱，才会从内心层面变得强大，变得与天道更加契合，而不是去试图争夺造物主的权力。在敬畏心照耀下的社会进步才是一种人间正道的进步，而不会把人类推向毁灭的深渊。

那么，作为与老虎有关的敬畏心的象征，古人是否在造字层面有过考量？当我们在脑海中寻找的时候，一下子就找到了答案，这个字就是虔敬的"虔"。

"虔"字由"虍"和"文"构成。自古至今，"虔"和"文"的发音就不相干，因此"虔"字可以排除是形声字。不是形声字，那就应该是会意字。会意的是什么呢？老虎之纹。那么，老虎身上的花纹如何与虔敬的含义发生了关系呢？

金文　　　隶

《说文解字》对"虔"的解释是"虎行貌"。虎走起路来，感觉花纹在流动，虎的气场由此得到了增强，所以让人产生了敬畏之心。这或许是造字者的心路历程。

虎行

其实我们还可以从文化的角度来思考这个问题：虎行路引发的花纹流动，同样激起观察者心中的涟漪，也就是说虎的花纹与人心中的恐惧之纹是联动的，当敬畏心变成一种人类的文化，"观乎人文以化成天下"，虔敬不再是个人的心理活动，而是一种群体意识。这可以视为"虔"的造字给予我们的启发。

那么，虎除了上述几个重要的文化含义之外，还有哪些延伸的文化含义呢？

首先是大。

虎在造字中被使用为"大"的含义，最具代表性的是"虚"字。"虚"字后世多用在空虚的含义上，比如老子所说的"致虚极守静笃"，其中的"虚"就是虚空之义。但虚空的含义乃引申自"大"的本义。

《说文解字》对"虚"的解读是："虚，大丘也。昆仑丘谓之昆仑虚。"段注说："虚本谓大丘。大则空旷。故引伸之为空虚。"

"虚"的造字即上为"虍"，下为"丘"。虎为山中大兽，所以可以引申为大，那么虎丘即大丘之义。而后来的虚空义正如段注所说，是因大而引申为空旷。

云梦战国简

在生活当中，我们常常把一件事开始做得很有气势，到结尾的时候则变成了弱势，甚至不了了之，称之为虎头蛇尾。那么这里的虎头指的也是一种大的含义。

再如，古人常常用搏虎来象征巨大的勇力。孔子在评价子路时曾经说："暴虎冯河，死而无悔者，吾不与也。必也临事而惧，好谋而成者也。"这里所说的"暴虎",指的就是空手与老虎搏斗,所说的就是一种巨大的勇力。不过,孔子在这里并不是夸奖有巨大勇力的人,相反,孔子是在批评这种敢于空手与老虎搏斗的人,因为他没有恐惧心和因恐惧而生的敬畏心,孔子赞赏"临事而惧"的人,也就是,对虎的危险性有充分认知而不去与虎搏斗的人。可见,孔子也是极其重视敬畏心。

虎延伸的另外一个文化含义是虎的花纹代表的繁盛醒目义。《周易》革卦九五爻爻辞有"大人虎变",上六爻爻辞有"君子豹变";《象传》分别的解读是"大人虎变,其文炳也","君子豹变,其文蔚也"。意思是:大人改穿虎纹衣,非常的醒目;君子改变的服饰花纹绚丽,也特别容易看见。虎纹和豹纹都代表了一种繁盛而醒目的威仪,借此指代视觉的冲击力,对社会风气可以起到更好的示范效应。因此虎的花纹不仅是花纹本身,而且其中还注入了虎威猛的加持力。由此可见,无论大的文化含义还是繁盛醒目的文化含义,都与敬畏心相关。

从造字来看,虎纹除了前面提到的"虍"字之外,还有"彪"字。

金文　　　篆　　　隶

"彪"的造字是在"虎"的旁边加了三个撇,即"彡"字。这个"彡"字就代表了虎的花纹。《说文解字》说:"彪,虎文也。从虎,彡象其文也。"而《周易》革卦九五爻爻辞说:"其文炳也。"因为这个缘故,就有了"彪炳"一词。而"彪炳"表达的正是一种正向的示范效应。

　　综上所述，古人通过对虎的感应，生成了关于虎的诸多文化含义，概括起来说，比如：虎的躁动性衍生了生发的含义，由此对应了十二地支中的寅；虎的凶猛性衍生了残酷、肃杀的含义，由此对应了方位当中的西方，以及以杀戮为特征的战争；虎的恐惧性则衍生了敬畏心，这是虎最重要的文化含义；然后诸如大、醒目等，但这些文化含义也与敬畏心相关。

　　而在诸多的文化含义中如果选出一项最为重要的文化含义的话，毫无疑问就是敬畏心，因此我们完全可以把虎作为中国人自古以来敬畏心的象征。而这个敬畏心恰恰是来自恐惧心，可见恐惧作为一种负面情绪，却被我们拥有顶级智慧的先哲转变为我们生存天地之间最重要的法宝。

　　它带给我们的意象是，如果你能想到有一只老虎正站在高地紧盯下方，你还敢迈入禁地一步吗？

　　如果你看不见那只老虎，那么，只能接受本不想接受的命运了。

鹿——大地的精灵

　　鹿的轻灵与优雅，成就了古人内心深处对另一个世界的想象。于是，鹿在尘世的边缘游荡，一会儿靠近，一会儿远离，时常拨动着人类梦想的弦，悠扬而若有若无。

　　那么，对于这个大地的精灵，古人是如何汲取灵感，把它引入文字的世界呢？最简单的办法，就是用最简略的笔画把它画下来。

　　古人画鹿的历史非常悠久，从远古时期就开始创作的岩画已经把鹿作为重要的题材。在中国北方比较著名的岩画如阴山岩画和贺兰山岩画中，就有了鹿的身影。

阴山岩画　　　　　　　贺兰山岩画

　　而古人造"鹿"字，差不多也是画了一幅简笔画。那么古人是如何表现出鹿与其他动物不同的特点呢？古人通过观察，选择了硕大多歧的鹿角与机警的眼睛。

甲骨文　金文1　金文2　篆　　隶　　楷

　　"鹿"字的甲骨文是一个全形的鹿，有角、有头、有眼睛、有颈、有身、有尾、有前后肢。在甲骨文当中，"鹿"的字形繁多，但重点都在突出鹿角和鹿的眼睛。商代的金文比甲骨文更形象，就是一头鹿完整的简笔画。周代以后的金文更抽象一些，文字性更强。篆字鹿角进一步简化，大体上还能看出从金文演化而来的痕迹。隶变以后，鹿角已不明显，甚至变成了"广"字头，鹿头和鹿身已看不出痕迹，前后肢变成"比"字。

　　在甲骨文中，还有几个与鹿相关的字，比如"麋""麃""麂"等。

　　甲骨文"麋"字是麋鹿的象形，石鼓文之后则是"鹿"和"米"组合的象形字。麋是一种大型的鹿，体格如牛。先秦时期多见，有时因为数量过多，对农业造成危害。"麋"的得名来自发音，因为"麋"看起来好像鹿眼上有眉毛，所以称作"眉"，上古"眉""麋"同音，因此后来造形声字"麋"来指代这种动物。

甲骨文　　石鼓　　篆　　　隶

　　甲骨文"麋"和"鹿"字形接近，但"麋"的头上应该不是角的象形，而是表示上挑的眉毛。此后的"麋"字则为标准的形声字。

　　麋（麀）是一种类似鹿但体型比鹿小的动物，即獐子。而

"麇"字是上"鹿"下"禾"的组合，会意用禾代表的植物束扎猎获的麇。《说文解字》认为"麇（麕）"是形声字，下面的"囷"或省作"禾"，是"麇（麕）"的读音。

甲骨文　　　金文　　　篆1　　　篆2　　　楷1　　　楷2

因为獐子无角，因此甲骨文的鹿形是无角的鹿下面有个"禾"字，金文下面的"禾"作"木"。篆字后规范为"鹿"和"禾"或"囷"的组合。

"麑"字由"鹿""兒"组成。"兒"在人指孩童，在鹿则指幼鹿，同时"兒"也是"麑"的读音。

甲骨文　　　篆　　　楷

甲骨文是以尚未长出角的鹿形象征幼鹿，篆字以后则为"鹿""兒"组合的形声字。也就是说，"麑"不是鹿的一个品种，而是

仰韶文化彩陶盆鹿纹

指幼年的鹿。仰韶文化彩陶盆上的鹿纹，就像是一只无角的幼鹿，可以视为"麑"字的祖型。

　　与幼鹿相关的，在甲骨文当中还有雄鹿与雌鹿对应的字形，雄鹿是"鹿"与"土"（即"祖"的省形）组合的字形，雌鹿是"鹿"与"匕"组合的字形。前一个字形并没有流传下来，而是与其他动物合用了"牡"字，后一个字形即为"麀"字，仍然在文献中使用。

　　不过，说到"鹿"与"土"组合的字形，可能有人会想到"尘"字。那么，甲骨文中的这个字形是否是"尘"字的祖字呢？其实这两个字并不是一回事。甲骨文的这个字形中的"土"是"祖"的省形，表达的是雄鹿；而"尘"字中的"土"是土的本义，所以一开始，"尘"字并非是"鹿"与"土"的组合，而是多只鹿与"土"的组合，会意有许多鹿在奔跑，因此扬起高高的尘土。从《说文解字》中的篆字和籀字字形，我们就可以看出，早期的"尘"字由三只鹿与"土"构成。

篆　　籀

　　篆字"塵"是由三只鹿与一个"土"字构成，籀文是由三只鹿与两个"土"字构成，而且籀文中的"土"被扬到了上方，更为形象。后来，"麤"字为了书写方便，简化为一只鹿，到简体字，则把"鹿"也简化掉了，变成了由"小"字与"土"字构成的"尘"，以小土会意尘埃，彻底没有了造字时的印迹。

可见"尘（麤）"字本来源自一个大场面，如今却在尘埃的义项中一下子变成了世间最小物的代称，比如佛经中所说的微尘，差不多指的就是现代语言中的原子甚至粒子。这个字义的演变，或许也是古代中国"至大无外，至小无内"思想的一种体现吧。

与"麤"字字形特别容易混淆的另外一个字"麈"字，则有更为浓重的宗教色彩。

"麈"，《说文解字》认为是"麇属"，即一种麇鹿，《埤雅》的解释是："麈似鹿而大，其尾辟尘。"也就是说，"麈"的本义是一种类似麇鹿的体型比较大的鹿，以此鹿尾可以做成一种用具，所以这种用具也叫作"麈"。那么，这个"麈"究竟是怎样一种用具呢？司马光《名苑》中说："鹿大者曰麈，群鹿随之，视麈尾所转而往，古之谈者挥焉。"原来是古代喜欢谈天的人所挥之物。司马光对"麈"的来历未免想当然，但这个"古之谈者挥焉"，确有其事。

《晋书·王衍传》中描写王衍时说："衍既有盛才美貌，明悟若神，常自比子贡。兼声名藉甚，倾动当世。妙善玄言，唯谈老庄为事。每捉玉柄麈尾，与手同色。"王衍是一名典型的清谈之辈，而他在"谈老庄"时，"每捉玉柄麈尾"。可见，这个麈尾的确是清谈者的重要道具。南宋王明清《挥麈录》的书名大约也是取清谈之义，书中所收，都是当时的逸闻趣事。

而这个作为用具的麈，起初是做什么用的呢？其实应该是有其实用功能的。概括起来说，大约可以有以下用途：一、可以当作扇子纳凉；二、可以驱赶蚊蝇，《南史·陈显达传》即以"麈尾蝇拂"并称；三、可以掸除灰尘。因为这个缘故，后来也可以代指拂尘。

而麈成为清谈之人的标配，其原因是来自纳凉和驱赶蚊蝇的功能。竹林之中、大树底下，常常会有蚊蝇骚扰，所以麈就成了必备品。而佛道两家，常常也会在这种环境中说法论道，所以麈也慢慢成为僧道的用品，比如历代的《玄奘法师负笈图》中玄奘法师手中即持有麈尾。手持麈尾的道长或者高僧，更有一种仙风道骨的气质。

玄奘法师负笈图

用"鹿"作为字素所造的字还有一个常用的"丽（麗）"字。"丽（麗）"早期字形是鹿的两只角上有饰物的样子，由此生成两个基本义项：一、成对，也就是"俪"的本字；二、美丽。

| 周原甲骨文 | 金文 | 篆 | 隶 | 楷 |

周原甲骨文和金文基本同形，都是一对鹿角上有饰物。这对饰物篆字作"丽"，由"丽"与"鹿"字构成"麗"字，之后则一直延续这一字形的写法。

从与"鹿"相关的造字当中，我们可以体味到古人对鹿的美好印象，而这美好的印象生发出中国古代的鹿文化。

鹿是《诗经》当中常见的动物，最为著名的是《野有死麕》

与《鹿鸣》两首诗。

《野有死麕》是一首短诗，描写的是一对青年男女的爱情：

> 野有死麕，白茅包之。有女怀春，吉士诱之。
>
> 林有朴樕，野有死鹿。白茅纯束，有女如玉。
>
> 舒而脱脱兮，无感我帨兮，无使尨也吠。

在这首诗当中，第一段说的是"死麕"，第二段说的是"死鹿"，之所以有这样的不同，其实只是为了每一段的押韵而已，不论是"死麕"还是"死鹿"，都是指少男送给少女的爱情礼物。这首诗的第三段是少女对少男半推半就的情话，描写得极为生动，大意是：你动作轻一点，不要动我的佩巾，不要惊动这只多毛狗，惹得它汪汪叫。这一段文字，我们还会在犬的那一章讲到。

由此可见，在这首诗中，鹿或者麕充当的是爱情的信物。

《鹿鸣》是《小雅》当中的一首诗，篇幅稍长一点：

> 呦呦鹿鸣，食野之苹。我有嘉宾，鼓瑟吹笙。吹笙鼓簧，承筐是将。人之好我，示我周行。
>
> 呦呦鹿鸣，食野之蒿。我有嘉宾，德音孔昭。视民不恌，君子是则是效。我有旨酒，嘉宾式燕以敖。
>
> 呦呦鹿鸣，食野之芩。我有嘉宾，鼓瑟鼓琴。鼓瑟鼓琴，和乐且湛。我有旨酒，以燕乐嘉宾之心。

《鹿鸣》是以"呦呦鹿鸣"起兴，说的是用音乐和美酒招待嘉宾的事，是宴会上唱的歌。其中的"呦呦鹿鸣，食野之苹。我有嘉宾，鼓瑟吹笙"被曹操直接拿来嵌入著名的《短歌行》之中，可见这首诗在历史上的影响力。而以鹿的鸣叫作为宴会的开场，是为了引出美好的音乐，烘托出宴会和谐的氛围，因此，鹿以美好的寓意又与好客联系在一起。

从《诗经》的这两首诗当中，体现出鹿所象征的爱情与人间友情。

《诗经》之后，鹿仍然常常出现在诗歌当中，比如李白《梦游天姥吟留别》中的"别君去兮何时还？且放白鹿青崖间，须行即骑访名山"，抒发的是李白超脱尘世的情怀，以及对神仙世界的向往。

从李白的诗中，我们可以体会到白鹿是神仙世界中的灵物，这是古代文人的普遍认知，比如南极仙翁的坐骑就是白鹿。那么，白鹿为什么会进入神仙世界呢？《抱朴子·对俗》中说："虎及鹿兔，皆寿千岁，寿满五百岁者，其毛色白。"《太平御览·兽部》则记为："《抱朴子·玉策篇》曰：鹿寿千岁。满五百岁，则其色白。"鹿本身就被认为是长寿的动物，所以才与长寿的神仙匹配，而白色是因为鹿的年龄超过了五百岁变成的颜色，因此白鹿进一步强调了长寿的寓意。白色作为长寿色的灵感，应该是来自长寿老人白发白须的特征。

其实除了作为长寿象征之外，白色还有另外一个寓意，即未染之色、天然之色，也就是本色。世间犹如一个大染缸，所谓"性相近，习相远"，而远离世间，则仍可保留原色，所以白色还象征着纯素不染，如老子所说的"见素抱朴"。

从这几个角度看，白鹿的意象更接近道家。不过，儒家其实也具有出世情怀，孔子"用行舍藏"观念中的"舍藏"，可以说与道家有相通之处。明代的大儒王阳明就具有这种情怀，即使在仕途的高光时代他也念念不忘退隐教学，立志像孔孟一样"得天下英才而教育之"。只是他的这一理想一直得不到朝廷的支持。因此，在他平定了宁王之乱之后，他选择了当年朱熹理学的主阵地白鹿洞书院开坛讲学，与弟子们大力倡扬阳明心学。

据说白鹿洞开启于唐代，当时有一位叫李渤的人与其兄李涉在此潜心读书，不问世事。之所以称作白鹿洞，是因为李渤在这里生活时养了一只白鹿。在远离尘俗之地与白鹿为伴，俨然一副神仙景象。李渤因此被称为白鹿先生，而兄弟二人的读书处被称为白鹿洞。但李渤毕竟还是儒家出身，后来做官做到江州刺史。旧地重游时，他在白鹿洞兴修园林，从此也就有了白鹿洞书院。

由此可见，从李渤到朱熹，再到王阳明，白鹿洞成为儒家著名人物游于世间与出世间两边的枢纽地。

与儒、道两家的白鹿相对应，佛教有一个九色鹿的故事。

故事说，很久以前，有一只九色鹿，身上的毛有九色，而鹿角洁白如雪。有一天九色鹿在恒河边吃草饮水，发现有一个溺水的人。于是它跳到水中，把溺水者救到岸边。溺水者磕头作揖、千恩万谢，无以回报。九色鹿说，等你回到人间，千万不要说在这里见到过我，就是对我最大的回报。人间有人会因为贪图我的皮毛和角来杀我。

溺水者于是信誓旦旦地答应了九色鹿的请求。

结果不出九色鹿所料，附近王国的国王夫人夜里梦见了九色鹿，她被九色鹿的鹿角和毛色所惊艳，醒后恳求国王派人去寻找九色鹿。国王于是就在国中贴出告示寻找知情人，悬赏一半的国土以及无数的金银财宝。溺水者见到告示，看到了此生富贵的希望，就向国王告密，并带着国王的队伍来猎杀九色鹿。

当九色鹿见到国王时，它并没有逃离，而是把它如何救溺水者、溺水者如何起誓的经过说给国王听。国王听后深受感动，回头痛斥溺水者的忘恩负义，并下令不许任何人再来冒犯九色鹿。

这个故事影响深远，因此被画在敦煌莫高窟的壁画中，这就是著名的《鹿王本生图》。

敦煌壁画鹿王本生图

在这个故事中，鹿之所以成为九色，象征的是人间的贪欲，所以与佛家放下贪执的理念相契合。

而九色鹿入水救人，又与中国由来已久的视鹿为仁兽的观念相通。

在佛教当中，鹿是一个重要的象征，除了九色鹿的故事之外，还有一则《佛说鹿母经》，说的是一头母鹿感人的母爱与赴死守约。

而释迦牟尼佛悟道之后，所选的第一个说法地就是鹿野苑，同样也与鹿相关。《法华经》中则以羊车、鹿车、大白牛车分别比喻佛教中的"三乘"，也有鹿参与其中。可见鹿的意象在佛教中占据着重要的地位。

鹿除了宗教含义外，同样也是民间艺术创作喜欢的题材。因为"鹿"谐音福禄寿的"禄"，所以鹿的图案常常出现于各种工艺品当中，比如瓦当、铜镜、明清家具等。鹿在中国古代的吉祥文化当中，同样占据重要的地位。

其中有一种鹿衔灵芝的常见图案，把鹿与"仙草"联系在一起。灵芝在古代一直被奉为"仙草"，常常被描写为长生不老之药。因为灵芝是如意中最常见的装饰，所以灵芝也常常会被用来代指如意。如意本为挠痒的用具，或许正是因为灵芝因素的加入，后来也成为一种吉祥的象征。而鹿衔灵芝，则把两种吉祥合并在一起，由此福禄寿三者都得以涵盖其中。以鹿衔芝的另外一层含义，则可能是积累善行得到的福报。

在中国的吉祥文化中，还有一种与鹿相关的想象动物——麒麟。那么，麒麟究竟为何物呢？简单说，麒麟就是升级版的鹿。

从形象上说，麒麟与其他想象动物一样是多种动物的合体。《礼记·礼运》中说："麟、凤、龟、龙，谓之四灵。"其中的麟、凤、龙均为想象动物。龙是集大成者，是所有生物之长，而麒麟和凤凰分别是兽之长与鸟之长。《大戴礼记·易本命》把动物分为五虫，其中凤凰是羽虫之长，麒麟是毛虫之长。因此，麒麟的形象应该是合并了许多兽类动物的形象。至于麒麟到底汇集了哪些动物，文献上的说法繁杂，无外乎有鹿、马、牛、羊等动物。从造字上看，明显是以鹿为基本形象。而之所以称作"麟"，应该与龙相似，身上也有类似鱼鳞、蛇鳞的鳞甲，从而体现出它的神性。

麒麟其实可以细分为麒和麟，当为雌雄之分，但麒和麟孰雄孰雌，各种文献解读不一。而麒和麟也可以总称为麟。

　　那么，麒麟有什么特性呢？麒麟的特性就是仁，所以被古人奉为仁兽。麒麟作为仁兽的"仁"表现在哪里呢？刘向在《说苑·辨物》中说："（麒麟）合仁怀义，音中律吕，行步中规，折旋中矩，择土而践。"所谓"择土而践"，意思是走路的时候不是什么地方都踩，下脚的时候是有所选择的。那么，麒麟又是如何选择下脚之地呢？《毛诗正义》引陆机疏说："不履生虫，不践生草。"也就是躲避一切有生命出现的地方，其实就是避免无意当中的杀生。正是麒麟的这一特点，后来引出《护生画集》中弘一法师的一首小诗：

> 麟为仁兽，灵秀所钟。
>
> 不践生草，不履生虫。
>
> 緊吾人类，应知其义。
>
> 举足下足，常须留意。
>
> 既勿故杀，亦勿误伤。
>
> 长我慈心，存我天良。

《护生画集》中的仁兽诗

　　那么，麒麟又有哪些文化含义呢？麒麟的文化含义就是由仁而生发的。我们知道，中国人是把虎视为百兽之王，但《大戴礼记》在做动物分类时并没有选择虎，而是把麒麟奉为毛虫之长，原因就是麒麟代表了仁的最高境界。因此，麒麟被古人视为圣王出现的瑞兆，也就是说，人间一旦有麒麟降临，说明圣王就要出现了。

　　但奇怪的是，既然麒麟的现身是圣王即将出现的瑞兆，为什么在鲁哀公十四年"西狩获麟"时，孔子却哀叹"吾道穷矣"？原来是孔子在感叹瑞兆不再灵验。春秋末年礼崩乐坏，早已是"觚不觚"的混乱状态，哪里还会有什么圣王出世？这恰好证明了礼崩乐坏的极致，连本来应该现身于盛世的麒麟也发生了时间秩序的错乱，出现在它不该出现的地方。正如《春秋经传集解》的解读："麟者仁兽，圣王之嘉瑞也。时无明王，出而遇获。仲尼伤周道之不兴，感嘉瑞之无应，故因鲁春秋而修中兴之教，绝笔于获麟之一句，所感而作，故所以为终也。"孔子编《春秋》，至此辍笔，以此表达出他的绝望之情。因此说，麒麟对于孔子来说，还有几分悲剧的色彩。

《孔子圣迹图·玉麟吐书》

　　关于麒麟，虽然是想象中的动物，但从先秦以来，人们一直在寻找它在现实世界中可以对应的动物。据说在明朝永乐年间，由于郑和下西洋的关系，非洲草原的长颈鹿走入了中国人的视野，于是当时的人就把它称作"麒麟"，至今在日语中还把长颈鹿称作"麒麟"。至此，出于鹿的麒麟又回到了鹿的大家庭。

　　从鹿到麒麟，中国人一直把这种动物与美好吉祥联系在一起。不论是古人的造字，还是与鹿和麒麟相关的各种图案，都寄托了中国古代先民内心深处悸动而悠然的灵性。它有时就在眼前，有时又那么遥远。只要有鹿，就情美如画。尤其是"麈"的造字，更给人以关于鹿的遐想：

　　在尘土中飞奔，尘埃落定处，却已在尘世之外……

猿与猩猩——从悸动到归于安宁

    说到猴子，在中国家喻户晓的就是《西游记》中的孙悟空，所以关于猴子的话题，我们就从孙悟空开始说起。

    中国古代万物有灵的观念深入人心，即使是一块石头，如果经历了漫长的岁月，也会因为采天地日月之精华而拥有灵性，这其中就有两块最著名的石头：一块是女娲补天时剩余的石头，这块石头被遗弃在大荒山青埂峰下，后来被一僧一道带入红尘，经历了一场世态炎凉的人间梦幻，这块石头就是《红楼梦》中的主人公贾宝玉；还有一块东胜神洲傲来国花果山上的石头，通灵之后，迸出一颗石卵，从中化出一只猴子，这只猴子就是孙悟空。

    那么，为什么石卵化出的不是一个人或者是一个其他的动物呢？原来《西游记》的作者别有深意，这个深意就是来自心猿意马的意象。因为猴子性情多变，所以猴子的特性与人心相似，因此古人常常用猿也就是猴子来象征不安分的人心。《西游记》第一回的回目是"灵根育孕源流出，心性修持大道生"，点明了《西游记》创作的宗旨：心为人的灵根，人的一生就是一场心性的修行。

清绘本《西游记》　　　　《西游记》书影

在《西游记》中，孙悟空有两次求法的经历：

第一次是到西牛贺洲灵台方寸山斜月三星洞须菩提祖师那里学法。灵台指的是心，方寸仍然指的是人心，就连斜月三星洞指的也是人心。关于斜月三星洞，李卓吾的批语是："斜月象一勾，三星象三点，也是心。言学仙不必在远，只在此心。"可见，须菩提祖师所在地每一个地名都在直指人心。而须菩提的名字来自佛经，比如在《金刚经》中向佛祖发问的人就是须菩提，而须菩提翻译成汉语，意为解空。而这个空指的就是心的空性。孙悟空姓名的由来也与心的修行有关。关于孙悟空的"孙"，须菩提祖师先从猢狲说起，然后又解读了"孙（孫）"字。祖师说："狲（猻）字去了兽旁，乃是个子系。子者，儿男也；系者，婴细也。正合婴儿之本论。教你姓孙吧。"《老子》说："专气致柔，能婴儿乎？"讲的也是通过回到婴儿无知无欲的状态，然后再回到虚空，最终体悟本体论的道。而"悟空"的名字则是须菩提解空之义的另外一种说法，也就是说，须菩提祖师是把他汉译的名字送给了孙悟空。这是孙悟空名字的由来，其实孙悟空在须菩提祖师这里学到的七十二变，也是象征了心相的多变。

　　第二次则是《西游记》的主体内容，即唐三藏师徒西天取经的经历。唐三藏师徒西天取经历经了八十一难，降伏了无数的妖魔鬼怪，整个过程指的就是人心的一场修行。而到达西天，则象征着人心修行的完成。其实唐三藏师徒哪里也没有去，只是反观于内心不断修行而已，当把一切心魔降伏之后，就到达了所谓的彼岸，体悟到人生的究竟义。所以，《西游记》开场诗的最后一句是："欲知造化会元功，须看西游释厄传。"厄，就是困厄，是指人心的种种束缚。这些束缚本来是虚妄不实的，而人把这种虚妄不实认作真实，所以才有了种种人间烦恼。如果把这些束缚看明白了，放下了，也就是所谓的"释厄"了，那么人生所有的烦恼也就不复存在。而《西游记》就是《西游释厄传》，可见《西游记》的立意其实是极为清晰的。由此我们就明白了为什么《西游记》的主角是一只猴子。

　　在中国古代，猴应该是一个俗称，对于这种灵长动物，文献当中一般称作"猿"和"猱"。"猿"是一个形声字，"犬"为义符，表示一种动物；"袁"则为声符，表示读音。而"猱"本写作"夒"，来自"夒"字，"猱"与"夒"上古读音相近因此通假。这个"夒"字最初是象形字，在甲骨文、金文中就是画了一个猴子的形象。

宋代毛松《猿图》

甲骨文1　甲骨文2　金文1　金文2　篆　楷

　　甲骨文和金文都是很形象的猴子的象形，篆字以后下肢突出了一只大脚，即规范为"夂"字，头面部分变为"页"字，左面的"止"是手的变形，右边的"巳"应是尾的变形。从这个造字演变的过程，可以看出"夒"应该是中国古代对猴子最早的称谓。

　　比较一下早期的字形，除了甲骨文1我们可以准确地认出是猴子之外，其他的形象既可以是其他动物，也可以是人。那么，从文字的角度如何区别是不是猴子呢？从前四个字形我们可以看出，古人抓住三个地方的特点：一只指向或者捂住脸的手、一只夸张的脚，还有一个小尾巴。至于一只手为什么要指向或者捂住脸，颇费思量，很难有令人信服的解释。

　　上面的第五个字形有人认为应该隶定为"憂"（现在简化为"忧"），或许"夒""憂"为同源字。从隶定的字形来看，主要的区别是"憂"字中间有一个"心"字，显然与情绪有关，而"夒"字中间没有这个"心"字。《说文解字》对"憂"的解读是："憂，和之行也。"这个"行"的含义来源是下面的这个"夂"字，也就是倒置的脚。"憂"字的上半部分其实可以看作"页"与"心"的组合，"页"的含义是脸，所以整个字形可以理解为脸色平和、心情平和，因此走路从容。《左传》引逸诗说"布政憂憂"，用的就是这个含义。在这个义项上后来加了一个"人"字旁，即"優（优）"字，独立表达优容之义。也就是说，《说文解字》解释"憂"时，其实是在解释"優"字，并没有解释出"憂"本来的含义。

从早期的字形看，一个人或者一只猴子捂着脸，恰好表达的是"憂（忧）"字如今用得最多的含义，即忧愁义。从这个角度回推，或许与"憂"字同源的"夒"字，大约是古人对猴子长相的一种想象。猴子唇边褶皱非常多，而且看起来像眉头紧锁的样子，与人忧愁时的表情相近，也就是说，从古人眼里看，猴子好像总是很忧愁。人在发愁的时候经常会捂着额头或者捂着脸，所以就用这种姿态来描绘猴子。

由此可见，猴子代表的各种变幻不定的心态是从忧愁开始的。从这一点看，《西游记》把猴子作为人生因为不能安抚住内心而产生烦恼的象征，还原了"夒"字的造字源头。

关于"夒"的甲骨文字形，王国维还有他的独到见解。他认为这个字形应该是"夋"字的本字，代表的是商人的祖先帝喾，而帝喾的名字被传世文献以及出土文献写作"俊"或者"夋"。这个"夋"字很可能是由古"夒"字讹变而来的。王国维在《殷卜辞中所见先公先王考》中，在总结了甲骨文"夒"字以及其他出土文献中的"羞""柔"等字之后说：

王国维《殷卜辞中所见先公先王考》

> 夒、羞、柔三字古音同部，故互相通借。此称"高祖夒"，案卜辞惟王亥称"高祖王亥"《后编》卷上第廿二叶。或"高祖亥"，《戬寿堂所藏殷虚文字》第一叶。大乙称"高祖乙"，《后编》卷上第三叶。则夒必为殷先祖之最显赫者。以声韵求之，盖即帝喾也。

因此，使用甲骨文的商人是把"夒"也就是帝喾视为自己的祖先。而实际上参照古代文献，帝喾还不仅仅是商人的祖先，《大戴礼记·帝系》说："帝喾卜其四妃之子，而皆有天下。上妃有邰氏之女也，曰姜原氏，产后稷；次妃有娀氏之女也，曰简狄氏，产契；次妃曰陈隆氏，产帝尧；次妃陬訾氏，产帝挚。"后稷是周的始祖，契是商的始祖，另外再加上帝挚和尧，几乎就是华夏族的祖先。

"夒"是"猱"的本字，也就是说"夒"就是猴子，而古史认为华夏族中的许多部族都来源于"夒"。这是一个十分有趣的话题，在古代当然不会有进化论的学说，但中国古人隐隐感觉到人与其他灵长类可能拥有共同的祖先，不知这是否也是一种沉淀在基因中的记忆。由此一来，猴子就成为人类遥远的兄弟。不管有多么遥远，毕竟还是兄弟。

这种观念在藏族同胞当中也非常流行。在西藏地区有一个猕猴与罗刹女结合而生出藏族先祖的传说，而且这个传说更近似于进化论。

传说的核心内容是：在很久以前，有一只猕猴生长在密林之中，后来这只猕猴与一个岩女结为夫妻，生了六只小猕猴。六只小猕猴经过几代繁衍，变成了一支庞大的猕猴群，树林中的食物已经无法满足他们的生存，于是那只猕猴祖先就把他们带到了生长谷子的山坡。由于食物结构的改变，猕猴的体毛和尾巴逐渐退化，慢慢变成了人类。

由于藏区长期信奉藏传佛教，所以这个传说中又融入了宗教的色彩。这只最初的猕猴变成了一个修行者，而岩女变成了引诱猕猴破戒的罗刹女。因为猕猴修行的信念非常坚定，所以罗刹女就以自戕相威胁。猕猴无奈去向观音菩萨寻求帮助，观音菩萨允许他与罗刹女结合，而且在后来又指导他引领他的猴群来到了生长谷子的山坡，完成了从猴到人的转变。那六只小猕猴也象征了佛教所说的六道。有人认为，这个修行的猕猴，或许也是孙悟空的原型之一。

因为信奉藏传佛教的原因，在传世文献中记载的这一段传说往往带有宗教色彩，而藏传佛教传入西藏也不过只有一千多年的历史，所以这一传说的古老性似乎缺乏说服力。不过，在20世纪90年代发掘的拉萨曲贡新石器时代遗址中发现了更为古老的线索，即一件附着于陶器上的猴面贴饰。发掘者认为：这件猴面贴饰，形象逼真，神态生动，看到它，人们自然而然地就会联想到广

拉萨曲贡新石器
时代遗址猴面贴饰

泛流传于高原的古老神话，即"猕猴变人"的神话。这个神话在藏文史籍中有记载，在布宫壁画上有描绘，因此在藏区有深远的影响。

由此可见，西藏地区人类起源于猕猴的传说与中原地区帝喾的传说可谓异曲同工，都有进化论的痕迹，而岩女的身份也反映了人类曾经的穴居历史。

或许正是因为猴从进化史的角度是人类的近亲，所以，古人认为不能随意伤害。

《华阳国志·巴志》记载：

> 延熙十三年，大姓徐巨反，车骑将军邓芝讨平之。见玄猿缘其山，芝性好弩，手自射猿，中之。猿子拔其箭，卷木叶塞其创。芝叹曰："嘻！吾伤物之性，其将死矣。"

　　邓芝射山上的玄猿，或许是因为一时技痒，但看到猿猴亲子之间的救助而深受感动，幡然悔悟，感叹自己伤物之性，并认为自己会因此而付出代价，这个代价就是不久将死于非命。

　　从人类近亲的角度来看，比猿猴与人类血缘更加接近的是猩猩。那么，古人是否有关于猩猩的记载呢？其实在古代，不仅有明确的关于猩猩的记载，而且猩猩的形象还参与了远古人类的祭祀与信仰。

　　那么，猩猩的形象究竟与什么信仰有关呢？原来猩猩的形象被古人借来建构对鬼的想象。

　　鬼在古代是一个非常重要的观念，这与人类对死亡的认知有关。人的生命与其他生灵一样，都有一个从生到死的过程，死亡本身是生命过程不可或缺的组成部分，因此死亡历来受到人类的重视。

　　儒家对孝的解读就包含了生与死。《论语》中说："生，事之以礼；死，葬之以礼，祭之以礼。"意思是说：人活着的时候，晚辈需要以礼来侍奉长辈；人死了以后，则需要按照礼来做两件事，一件事是葬，一件事是祭。葬的是人的躯体，祭的就是亡者的鬼魂。

　　与第一件事有关的有"死"字和"葬"字。

　　我们先来看"死"字。

甲骨文 1　　甲骨文 2　　金文　　篆　　隶

　　甲骨文的字形非常形象，原来"死"并不是死者的事，而是生者的事：其中一边的字形代表了枯骨，而另一边则是跪在枯骨旁边垂下头颅的一个人，显然这个人是在悼念丧失灵魂的逝者，守在逝者身旁不愿意离开，表现出对逝者的无限眷恋。这或许就是一幅守丧图，或许是古代守丧习俗的由来。

接下来是亲人死后的第一件事——葬。"葬"字中间是"死"字，上面是"艸"字，下面的"廾"从篆字字形看，其实也是"艸"字的变形，显然表达的是用草把死者掩埋起来。可见，最初的葬有两种可能性：一种可能性是把死者直接用草或者树枝等埋起来；另一种可能性是用土把人埋起来之后，又堆上草或者树枝。

被埋葬起来的亲人下一步去了哪里？去了与阳世间相对的阴世间，即从阳而动的世界回归阴而静的世界。回归到地下的人变成了什么？变成了鬼。《列子·天瑞》说："鬼，归也。"《说文解字》说："人所归为鬼。"按照这种理解，古人是把这种一去不回的归称作"鬼"。这其实是对文字的一种文化性解读，而不是真正的训诂性解读。

那么，变成鬼以后应该是一个什么形象呢？按照古人的象形，首先比较像人，因为鬼是人所变；其次又与人有很大的不同，人在阳间，鬼在阴间，因此应该与阳间的审美完全相反的形象，才可以匹配。于是，人们就想到了猩猩的模样，因为猩猩的模样符合这两个条件。首先猩猩的整体形象最接近人，智力也最接近人；其次，在人看来，猩猩极其丑陋。

由此就让我们产生了两个疑问：一、在古代中国的地域内有猩猩存在吗？二、如果有，又有什么证据证明鬼的形象来源于猩猩？

《山海经》开篇即说："南山经之首曰鹊山。其首曰招瑶之山。"山上有一种草、一种树、一种兽，草叫祝余，树叫迷谷，至于兽，则是"其状如禺而白耳，伏行人走，其名曰狌狌"。"狌狌"就是"猩猩"的本字，显而易见，中国很早就有关于猩猩的明确记载，自然古人是见过猩猩的。

那么猩猩与鬼如何扯上了关系呢？原来就是这句"其状如禺"，猩猩的样子与禺相同。那么禺又是什么呢？《说文解字》说："禺，母猴属，头似鬼。"这里面有两个信息：一个是禺的类属，古人把它归为猴，也就是灵长类；另一个是禺与鬼头部相似，亦即长相接近。我们前面讲过帝俊来源于猿猴，而《山海经·海内经》则说："帝俊生禺号。"看起来古人也认为禺也就是猩猩是对猿猴的进一步进化，更接近于人类。

《山海经》中的狌狌

那么，从造字角度来看，"禺"和"鬼"有什么关系呢？

我们先来看"禺"字。

这是春秋时代的一个"禺"字，上尖下圆的水滴形脸型与某种猩猩相近，丑陋的面部用横竖交叉的线条模糊处理，然后有爪有尾。

那么"鬼"的字形又是什么样子呢？

甲骨文和金文都有"鬼"字，尤其是甲骨文"鬼"的字形非常丰富，这或许与商人拜鬼的习俗有关。

甲骨文1　甲骨文2　甲骨文3　甲骨文4　金文　篆　　隶　　楷1　楷2

我们看这一组字形，其中四个甲骨文字形，有正面的人，有侧面的人；有站立的人，有跪着的人；有男人，也有女人。但无论怎么不同，上面的部分比较一致，周围一个方框，中间一个十字，看起来很像一个"田"字。

有人认为上面部分就是一个"田"字，人死后归于田地，所以鬼是埋在田地下面的人。如果鬼真的只是埋在土中的尸首，那么鬼已经没有了能量，不会再和人世间发生什么关系。这种解释显然与古人对鬼的认识不相吻合。

古人认为鬼是人脱离了肉身之后的另一种形态的存在，也就是说人死了以后，是以另外一种存在的状态，继续对人的世界产生影响。只有如此，人才会祭祖、祭鬼，因此人上面的这一部分不会是"田"字。

那么，人上面的字形究竟是什么呢？我们看金文等字形并非方形，而是一个上小下大的水滴形。甲骨文之所以是方形，是出于便于锲刻的原因。我们比较一下金文"鬼"和"禺"的字形就会发现，二者的面部几乎是相同的，只是下面不同："禺"的下方是兽身，有爪有尾；而"鬼"的下方虽然性别和姿态会有不同，但都是一个人。也是说，鬼是拿禺的头来当作自己的头，从而也反证了《说文解字》所说的"禺""头似鬼"。

那么，为什么"鬼"字有禺的头，也就是猩猩的头，却有人的身体呢？古人认为，人死以后变成的鬼，应该就是这副狰狞的模样，所以，人们在祭祀时就戴上这种面具起舞，而"鬼"字的字形就是人们戴着这种面具跳舞来祭祀鬼的样子。《周易》当中的爻辞"载鬼一车"说的就是载了一车戴着鬼面具的人。

因此"鬼"的造字就是源于祭祀时巫师头戴类似禺的面具形象。到这里我们看出，"鬼"的造字正是反映了儒家的"祭之以礼"。

　　古代的鬼神思想鼎盛时期是商代，周代以后则强调天命了。而"鬼"虽然最初的造字是出自对逝者在另一个世界面目的描述，出自对逝者包括父母和先祖的祭祀，但因其祭祀的属性，逐渐与神灵并列甚至于界限模糊。因此许多时候神、鬼可以并称，或者以鬼代称神。

　　《周易·谦卦》的《象传》说："天道亏盈而益谦，地道变盈而流谦，鬼神害盈而福谦，人道恶盈而好谦。"是鬼神并称。

　　而《楚辞·九歌》当中的《山鬼》其实说的是美丽的山神，是鬼神界限的模糊。

　　因为神和鬼都生活在人世间之外的世界，所以可以大体归为一类，鬼的地位由此而大为提升。这也满足了古人对逝去的亲人在另一个世界能够得到安宁的企盼，也与"鬼，归也"的定义相契合。

　　由此可知，从猿猴到猩猩这些灵长类的文化属性寄托了古人至少两个层面的情怀：一、从帝喾的记载到藏族以猿猴为祖的传说，人类对自身起源似乎有一种沉淀于基因的记忆，极为有趣的是它暗合了进化论的学说；二、从猿猴到"鬼"字所本的禺，则可以象征一颗不安分的心，最终归于安宁。这是人类的进化史，是一个人的一生，是一场不可错过的修行。

乌鸦与凤凰，到底谁是太阳鸟

在远古时期的部落时代，世界各地有许多崇拜太阳的民族。有人认为，太阳神是人类最古老的神，人类所有古老的文明几乎都有太阳崇拜的习俗。

中国也不例外，至少从新石器时代就有许多太阳的图像出现在出土文物之上，比如山东大汶口文化彩陶豆上的八角星纹就是一个变形的太阳纹。

而大汶口文化大口尊上则有一个太阳升起于山峰之巅的刻画符号，这个符号或许就是某一个太阳部族的族徽。

大汶口文化彩陶豆　　　　大汶口文化大口尊

大汶口文化被认为是古东夷文化，而东夷是中国东方的一个古老的民族，这个东方民族在中国这片古老的大地上，是最早见到日出的民族，所以崇拜太阳就成为一种自然而然的事。

那么，太阳在早期文字当中是如何被描画的呢？

　　最初的太阳应该就是一个圆圆的圈，也就是对现实世界中太阳的简笔画。甲骨文由于是用锐物刻出的文字，所以，甲骨文中的太阳是有边棱的，或作多边形，或作圆角长方形；中间则是一个点或者一道短横。金文因为多为铸造而成，所以是圆形或者椭圆形，中间也多有点或者小短横。这个点或者短横，有人认为是古人对太阳黑子的描画，而这个字就是今天的"日"字。

甲骨文　　　　　　　　　　　　金文

　　那么，"日"是如何又被称作太阳的呢？

　　我们先从"阳（陽）"字说起。"陽"字的含义来自"扬（揚）"，会意日扬升于天空。那么，在造字中是如何表示日扬升的状态呢？古人的办法是在日的下面画一个代表托盘的横向线条，然后画一道长长的竖线，表示高的意思，这个字被隶定为"昜"字，这是"陽"的本字，其实也是"揚"的本字。金文有的加上两到三道撇，表示阳光的照射；而在一旁加上"阜"字之后，又表达出高低的落差，由此形成后来的"陽"字。

甲骨文　　　　　　金文　　　　　　篆字

　　当日扬升于天空之后，我们看到的景象就是"阳（陽）"的状态，即光明或者亮的状态叫作阳，与此相应的状态叫作阴。阳与阴是一组对立状态，而阳与阴正是以《周易》为代表的中国古老思维模式中最基本的元素，没有阴阳则没有现象世界，或者反过来说现象世界中的一切都具备阴阳的性质。

那么，在现象世界中最大的阳是什么，最大的阴又是什么呢？古人认为最大的阳就是日，与此对应，最大的阴就是月，所以日又可以称作太阳，月又可以称作太阴。以太阳运行的周期为依据的历法就叫作太阳历，以太阴运行的周期为依据的历法就叫作太阴历，二者简称为阳历和阴历。

关于太阳，我们当代人在词汇选择上习惯用太阳而不太用日；但在月的选择上则是习惯用月而不用太阴，为了与太阳两个字对应，又加了一个"亮"字，构成"月亮"这个词。

太阳是我们所生活的世界光明的来源，是我们拥有白昼的原因。而且中午时分太阳的位置至高无上，所以古人类崇拜太阳是一种必然。"朝"字的含义变化也印证了这一点。

"朝"字有三部分字素：树木或者草（艹）、日、月。不论字形当中是用"木"还是"艹"，日和月都处在草木之间，表达的是日月位置之低，所以以"朝"字对应的是天刚亮的那个时段。朝日这个词表达的就是天刚亮时的太阳（不过，金文的朝字加上了水的元素，其实就是"潮"的本字，具有潮汐的含义）。

甲骨文　　　　　　　金文

那么，古人是什么时段朝拜太阳呢？《史记·封禅书》说，天子"朝朝日，夕夕月，则揖"。意思是早晨朝拜太阳，晚上朝拜月亮，朝拜的方式是揖，也就是鞠躬。朝拜早晨的太阳叫"朝朝日"，朝拜晚上的月亮叫"夕夕月"。

古人选择在太阳升起的时候朝拜太阳，是因为一日之晨是太阳带给世间光明的开始，而这个早晨朝拜太阳的举动，生成了"朝"的另一个含义，就是朝拜的"朝"。而朝拜一词也是由此而来，朝向朝日而拜，就是朝拜。这样，就生发了"朝"的两个读音：一个是朝日的"朝"（zhāo），一个是朝拜的"朝"（cháo）。所以朝拜的"朝"字的含义，正是来自对朝日的朝拜。

大汶口文化陶器上太阳升起于山峰之巅的刻画符号，正是对"朝朝日"的一种描绘，所以它应该是太阳崇拜部族的族徽。

刻画此符号的陶器是一种体量巨大的大口尊。这种大口尊的器形为直筒形，底部下收，或者是极小的小平底，或者是圜底、尖底，这种器形显然无法把它口朝上放置。所以放置这种大口尊应该有三种办法：一、倒置；二、用器具在底部周围支撑；三、挖一个坑蹾到里面。

而最后一种方法很可能与当时的祭祀有关。

我们从"尊"字和"奠"字的造字，大体可以推衍出这个祭祀的过程。

首先是建有一个土台，象征地母。然后把体量巨大的大口尊顺着台阶抬上去。抬尊的过程，用上面一个盛酒的器皿也就是"酉"字下面两只手来描绘，这个字就是最初的"尊"字，上"酉"下"廾"，现在隶定的字形只剩下一只手。有的字形旁边再加一个"阜"字，表示奉尊而登。

登上土台之后，把大口尊蹾入事先挖好的圆坑，象征天地之交，这个字就是"奠"字。大口尊的器形与甲骨文倒置的"且"

也就是"祖"相似，象征着天的男根；而挖好的土坑则象征着地的女阴。因此，大口尊蹾入土坑，象征天公、地母的交合，古人以此祈祷人丁兴旺、五谷丰登。"祖"中的酒乃粮食之精，象征着太阳之精，所以这种天地交合极为形象，当然也寄托了古人对祈祷灵验的企盼。

而用大口尊进行祭祀的部族应该就是古老的太阳崇拜部族，因此大口尊上刻画的太阳升起的图案，很可能就是太阳族的族徽。

人生活于大地，而太阳运行于天空。那么，有什么生命可以来往于天空和大地之间，达成人与太阳的沟通呢？毫无疑问，这个生命就是既能落于地面又能飞翔于天空的鸟，所以，作为崇拜太阳的东方部族同时也是崇拜鸟的部族。

山东大汶口文化和龙山文化的陶鬶，其器形的造型就来自鸟的形象。陶鬶其实是一种实用器，是史前时代古人用来烧水的器具。但即使是这样的实用器，古人仍然发挥了自己的想象，把鸟的形象做了适当的变形之后，就成为袋足鬶的样子。袋足鬶的流部像昂起的鸟喙，有的器形在流的底部还贴有对称的两个圆饼装饰，看起来像一对鸟的眼睛。长长的颈部也类似于鸟颈。前面两个袋足像鸟的两只脚，器身和后面的袋足像鸟身，而连接颈部和器身的鋬手犹如上翘的鸟尾。整体造型犹如一只昂首啼鸣的雄鸡。

陶鬶　　　　　　　　盆形陶鼎　　　　　　鼎足

　　山东龙山文化中还有一种鸟首足盆形鼎，因为是泥质陶，所以是一种盛器而不是炊器，这种陶鼎很可能已经进化为一种礼器。而这种鼎的鼎足非常像一种巨喙鸟的鸟首。以这种造型的鼎作为礼器，说明了东方部族对鸟进而对太阳的崇拜。

　　关于鸟崇拜，文献方面的证据，主要来自《左传·昭公十七年》郯子谈到少昊氏以鸟名官的话题（参见本书《来自动物王国的祖先》一篇）。少昊氏被认为是东夷族的祖先，而他正是以各种鸟名来命名官职的，可见少昊氏有浓浓的鸟的情结。

　　其实东夷族的"夷"字也与鸟有关。《说文解字》说，"夷"字"从大从弓，东方之人也"。"大"字最初象正面站立的人形，所以《说文解字》认为"夷"字就像一个人身上背着一张弓的样子，身上背着一张弓的形象就是远古东方之人的形象。《说文解字》的解读显然是从篆字字形出发的析形，实际上从早期文字来看，"夷"字另有出处。比如甲骨文"雉"字，左边的"矢"字其实就是"夷"的本字，中间的主字形并不是一个"大"，而是一支箭的象形，即"矢"字，然后在箭杆部分缠着线，这其实就是专用于射鸟的工具矰缴。这种箭体上拴有线的箭在射中鸟之后，通过往回拉线或者顺着线前行，就可以轻易找到落入草丛的鸟。"夷"字金文字形仍然能看出这个字的来历，但篆字中间的箭形已讹变成正面站立的人形。

雉：　　甲骨文　　夷：　　甲骨文　　金文　　篆字

东夷部族所在的核心地区，曾经有一大片土地称作"齐"，流经这里的河流又加了一个"水"字旁，称作"济"。而"齐"字在甲骨文中的字形就是三箭齐发，也说明生活在齐地的先民是一个善射的民族，这与"夷"字可以互相印证。在山东地区的龙山文化和岳石文化遗址当中，也出土了大量的石镞。这些都证明了这里的先民有猎鸟的习俗，由此进一步证明东夷族与鸟的密切关系。这种密切关系也是东夷族鸟崇拜的原因之一。

东夷族既然与鸟有密切的关系，而且作为崇拜太阳的部族，把鸟奉为沟通太阳与人类的使者，那么由鸟来沟通的太阳有没有生命呢？如果太阳没有生命，那么鸟如何进行沟通呢？显然，按照古人的理解，太阳一定也是有生命的。既然太阳有生命，那么太阳的生命又如何呈现呢？于是有了太阳鸟的想象。

原来太阳本身也是鸟，或者说太阳是由鸟来负责承载运行的。

我们来考察一下《山海经》的两处记载。

《山海经·海外东经》说："下有汤谷。汤谷上有扶桑，十日所浴，在黑齿北。"

《山海经·大荒南经》说："东南海之外，甘水之间，有羲和之国。有女子曰羲和，帝俊之妻，生十日，方浴日于甘渊。"

　　从这两处记载我们可以看出，原来太阳是羲和所生，而且出生之后浴于汤谷或者甘渊。由母所生，当然有生命。不过，羲和所生并不止一个太阳，而是十个太阳，这就为羿射九日埋下了伏笔。

　　既然是十个太阳，那么他们是怎样分工的呢？

　　《山海经·海外东经》说："大荒之中有山……有谷曰温源谷。汤谷上有扶木，一日方至，一日方出，皆载于乌。"

　　原来十个太阳实行轮班制，一个太阳回来，下一个太阳出去。

　　不过，这段文字不仅讲到了轮班制，而且还讲到了太阳的出行方式，这个出行方式就是"皆载于乌"。原来他们是以一种乌鸦作为运载工具的。

　　显然，《山海经》的这段记载，是把乌鸦作为太阳的运行工具。而实际上在其他文献或者图像中，或者乌鸦明确为太阳运载工具，或者乌鸦与太阳合为一体，乌就是太阳鸟，太阳鸟就是乌。

　　《周易》当中有一组对卦：晋卦和明夷卦。两卦都是由八经卦中的离卦和坤卦组成。离代表太阳，坤代表大地。晋卦是离在上坤在下，象征太阳从地平线上升起，所以叫晋。晋的最初字形由"臸"和"日"字构成，上"臸"下"日"，表示日到了，用在太阳升起的含义上。

甲骨文　　金文　　篆字

　　明夷正好相反，上坤下离，象征太阳沉落于地平线之下。"明"字字形起初表达的是月光透过小窗户照进屋里，显得格外明亮。但引申义为各种发光、明亮的物体或情形。而在诸多的发光物体中，除了月亮之外，最大的就是太阳（其实我们现在知道月光也是太阳的反射光）。因此明或者大明往往指代太阳。在明夷卦，明就代表太阳。而夷意为夷灭，从自然现象看，就是太阳沉落于地平线之下；而在爻辞当中，夷的本义为弓箭射伤。

那么，在明夷卦中弓箭射伤的是谁呢？是太阳鸟。明夷卦的爻辞，讲的就是太阳鸟受伤的过程，如太阳鸟受伤后艰难飞行，受伤的部位是从左腹部透穿于心等，最后一爻则说："初登于天，后入于地。"显然说的还是太阳一天之内的运行。

所以，在明夷卦中，太阳是一种太阳鸟，鸟与日为一体。

在出土文物中，关于太阳鸟的遗物也非常丰富，比如凌家滩的太阳纹玉鸟、金沙遗址的太阳鸟金饰、马王堆帛画右上角的太阳鸟，以及三星堆青铜太阳树等。

凌家滩太阳纹玉鸟

金沙遗址太阳鸟金饰

马王堆帛画右上角太阳鸟

三星堆青铜太阳树与树上的鸟

金沙遗址的太阳鸟比较特别，或许是出于艺术夸张的原因，鸟身非常细长，类似大雁、天鹅一类的飞禽，伸出的一只爪有三趾，不知是否是三足乌三足的祖型。中间镂刻的是一个放着光芒的轮齿状的太阳纹，共有十二道光芒。太阳鸟共四只，首尾衔接分布在四个方向，等同四只鸟共同负日于背。四只鸟估计象征的是四季，十二道光芒则是十二个月，都指向了太阳一年的轮回。

金沙遗址太阳鸟金饰的图案比较明确，是鸟承载太阳而行。

凌家滩的太阳纹玉鸟则是把八角太阳纹刻画在鸟的胸前，类似鸟的徽标，明确了这只鸟就是太阳鸟。八角与大汶口文化陶豆上的八角星纹相似，或许象征太阳普照八方，但大汶口文化彩陶八角星中间是方形，而凌家滩玉鸟的太阳纹中间是圆形，并且外层还有一个同心圆。非常有趣的是，玉鸟的两翼仔细看很像两个猪首，或许这是一个太阳崇拜和猪崇拜混合的部族。

三星堆青铜太阳树是三星堆遗址重要的代表性遗物，遗址先后出土了多棵大致相同的太阳树，其中一号青铜树修复后的高度达到四米，极其壮观。树上共有九只鸟栖息在树枝上，正与《山海经》完美对应。十个太阳，一个在天空值班，其余九个就栖息在这棵树上，这棵树就是著名的扶桑树。

这棵树还是一棵秩序井然的树，因为这棵树上栖息了九只鸟。如果这九只鸟不肯栖息在树中，而是违反了正常秩序同时出现在天空，会出现什么状况呢？自然是气温迅速升高，草木焦枯，融化的冰川导致洪水滔天，天下苍生从此陷入巨大的灾难之中。于是就有了羿射九日的传说。其实十日并出与羿射九日，代表的是地球温暖期和寒冷期的交替。

相对于以上几处太阳鸟，马王堆帛画的太阳鸟时代较晚，已经到了西汉早期。在一轮红红的太阳中间，立着一只形象明确的乌鸦。

为什么说是形象明确呢？因为这只乌鸦与现实中的非常接近，是乌鸦的一种写实描绘。而此前的几处太阳鸟形象则不是很明确：金沙遗址太阳鸟更像大雁，凌家滩和三星堆的太阳鸟鸟喙巨大，与实际的乌鸦不类，倒与山东龙山文化盆形鼎的鸟首鼎足非常相像，或许这是早期先民对太阳鸟的一个共同认知。但从战国时期之后，太阳鸟则多是以乌鸦的形象出现。郭璞在注《山海经》时，就出现了三足乌的概念。

由此一来，我们基本可以确定，太阳鸟的形象是一只乌鸦，而且后来固定为一种三只脚的乌鸦。

那么，古人为什么会选择乌鸦为太阳鸟呢？太阳是古人所能认知的最明亮的物体，而乌鸦又是能在天上飞翔的最黑的鸟，两者恰恰是两个极端，如何被捏合在一起了呢？

这或许是基于古人对太阳黑子的观察。中国古代很早就发现了太阳黑子，所以在"日"的造字时，除了画一个圆或者多边形、四边形代表太阳的形状外，还会在中间加一个黑点或者小横线，这个黑点或者小横线，就代表了太阳中的黑子。

　　与此对应的是月亮中的蟾蜍，也是来源于对月球表面凹凸不平的观测。

　　而乌鸦作为太阳鸟的另外一个推测，则与乌鸦的习性有关。乌鸦喜欢群居，傍晚时分，古人可以看到成群结队的乌鸦或者飞向西天，或者落在夕阳反衬的枝头上。所以，古人认为它们应当与太阳尤其是落日有关。

　　可见，在远古时期，乌鸦作为太阳鸟，并不是后来人们当作预示凶兆的恶鸟。

　　不知从何时起，或许是由于乌鸦经常出没于坟冢，乌鸦渐渐变成了人们厌恶的鸟。人们常常把乌鸦的出现或者乌鸦的啼叫，当作运气不好的征兆。

　　既然乌鸦被厌恶了，那么就需要另外一种鸟与太阳相匹配，于是就有了丹凤朝阳的美好画面。所以，凤凰逐渐替代乌鸦，成为新的太阳鸟，并一直飞翔到今天。

　　凤是古人想象出来的鸟，正如龙集合了许多动物形象一样，凤被赋予百鸟之王的美誉，自古以来被当作吉祥的象征。"凤"字在甲骨文中与"风"字同源，或者说"风"在甲骨文中是借的"凤"字。从字形可以看出，凤的特点是头上有繁饰华美的冠，与龙有冠一样，犹如人中之主，然后是飘逸的羽翎。

　　《说文解字》说："凤，神鸟也。天老曰：凤之象也，鸿前麟后，蛇颈鱼尾，鹳颡鸳思，龙文虎背，燕颔鸡喙，五色备举。出于东方君子之国，翱翔四海之外，过昆仑，饮砥柱，濯羽弱水，莫宿风穴。见则天下大安宁。"在凤的形象中，有鸿有麟，有蛇有鱼，有鹳有鸳，有龙有虎，有燕有鸡，可见也是多种动物的集合体。

　　这种集合体决定了凤的神圣性，因此古人把凤凰的出现当作太平盛世来临的吉兆。"凤凰来仪"，就是天下太平；"凤鸟不至"，就是礼崩乐坏。

鳳（凤）：

甲骨文　　篆字

由此可见，太阳鸟寄托了古人对于太阳和鸟的美好寓意。首先是寄寓太阳以灵性和生命，在古人的心中，太阳与人和动物一样，都是有生命有感情的存在；然后是把美好的愿望寄托于上能飞于天、下能落于地的鸟。因此，鸟作为通于天地的人类的使者，与太阳一起，受到了人类的顶礼膜拜。

关关雎鸠

关关雎鸠，在河之洲。窈窕淑女，君子好逑。

这是《诗经》的第一首第一段。为什么《诗经》以鸟开篇呢？

因为人类尤其是古人与鸟的关系太密切了。在农耕文明时期及其以前，一个人出门时，每天都可以见到的动物恐怕就是鸟，所以，尽管古人无法与野生鸟长期近距离接触，但鸟却是古人最熟悉的动物。

由于这个缘故，中国古人在造字时，鸟成为一个重要的元素。

那么最初的"鸟"字是什么形态呢？按照象形的原则，自然是画一幅鸟的简笔画。而在符号化的演变中，不论是甲骨文还是金文，主要抓住的是鸟喙和鸟翅的特征。

不过，"鸟"字在演变过程中逐渐分化为两种字形，一种是"鸟"，一种是"隹"。"鸟"字依然是用在鸟的含义上，而"隹"字更多的是用来表达鸟的叫声，在这个含义上或者加一个"口"字，也就是"唯"，进而引申为发语词或者表示应诺。而"隹"字本身更多地用于构建其他的字形，继续表达鸟的含义。

下面这两行大约分别是"鸟"和"隹"字的演变过程。

甲骨文1　甲骨文2　金文1　金文2　战国简　篆　　隶

甲骨文1　甲骨文2　甲骨文3　甲骨文4　金文　篆　　隶　　楷

甲骨文和金文"鸟"和"隹"的字形很丰富,"鸟"字的象形成分更浓厚。金文中"隹"字使用非常多,作为发语词,多用在长篇铭文的首字,其实就是"唯"或"惟"的本字。而"鸟"和"隹"在篆字以后,分化基本定型,虽然构字时关系密切,但不再是一个字。

那么,从造字的角度,最初古人做了哪些鸟的分类呢?下文举几个例子,有小鸟,也有大鸟。

小鸟最典型的就是"雀"。为什么"雀"是小鸟的典型代表呢?因为"雀"字本身就是在"鸟"字上面加了一个"小"字,即上"小"下"鸟",组合在一起,会意小鸟。

在甲骨文和金文中,下面鸟的部分更偏向于"隹"字,而在篆字中就明确为"小"与"隹"的组合。因此,很可能古人最初用"雀"字泛指小型鸟,比如我们现在称谓的麻雀、云雀、金丝雀等,也都是体型较小的鸟类。只有孔雀除外,在孔雀的含义中雀替代了鸟,而"孔"字表示大,因此孔雀意为"大鸟"。

甲骨文　　金文　　篆　　　隶　　　楷

在中国古代还有一件解释不清的趣事，即"雀"与"爵"有时被视为同一字。比如《月令》中说："鸿雁来宾，爵入大水为蛤。"意思是雀入于水中，化成蛤蚌。

麻雀

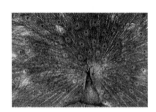

开屏的孔雀

其实爵本是一种源自饮酒器的礼器。

《说文解字》说："爵，礼器也。象爵之形，中有鬯酒，又持之也。所以饮。"意思是：爵并非日常饮酒器，而是重大活动时用的饮酒器。其形象雀，有头有尾有足。里面盛的是香酒，并以手持之。因为样子像雀，所以用雀字来命名，但这里的"雀"字用的却是"爵"字。因此，最初"爵"的含义就是"雀"。也就是说，"爵"字是"雀"字异写。

金文 1　　金文 2　　金文 3　　金文 4　　篆

　　因为爵是商代常见的一种来自饮酒器的礼器，出土实物并不罕见，器形为今人所熟知。从上面选出的四种金文字形中基本上可以看出"爵"字的来龙去脉。金文1基本是爵的简笔画，非常形象，和出土的爵形状几乎别无二致。金文2还描画出器身装饰的花纹，并加了一只持爵的手，为隶变后字形中的"寸"字提供了源头。而金文3则把爵的器形还原为鸟，让我们找到了"雀""爵"二字互通的根据，古人可以把以手持爵象形为以手持雀。金文4已经靠近今字的字形，而篆字进一步繁化，上半部分是爵的器形，下半部分右侧保留了手，左侧则多了一个"鬯"字，《说文解字》因此说："中有鬯酒。"

　　雀被古人引入礼器的范畴，很可能是古老的鸟崇拜遗留下来的痕迹。远古时期，古东夷族是以鸟为图腾的部族，而商源于东方，也受到鸟崇拜风俗的影响，因此有"天命玄鸟，降而生商"的神话传说流传了下来，而雀也就是爵被作为商代的礼器，也是商人鸟崇拜的一个佐证。

青铜爵

　　"天命玄鸟"的玄鸟，一般认为是燕子。玄为黑色，所谓"玄鸟"即黑鸟，燕子背为黑色，远看整体视觉上为黑色，所以称作玄鸟。燕子同样也是小鸟，从"雀"的造字含义来看，既然"雀"意为小鸟，燕子完全可以归类为雀。于是我们可以找到了这样一条线索，玄鸟即燕子，燕子属小鸟，小鸟即为雀，因此商人以雀为饮酒礼器。

燕

| 甲骨文 | 篆 | 隶 | 楷 |

　　甲骨文的"燕"是象形字，是一只燕子一边鸣叫一边向上飞的形象。燕子最大的特征是像剪刀一样的燕尾，所以甲骨文抓住了燕尾分叉的特征。不过篆字把燕尾变得看起来像个"火"字，隶定以后则变成了四个点，即"火"的变形。而燕子的双翅在篆字以后变成了分成两边的"北"字。

　　燕子除了被商人视为图腾之外，在古代还有一个重要的文化含义，即代表春天的来临。白居易的《钱塘湖春行》说："几处早莺争暖树，谁家新燕啄春泥。"晏殊的《破阵子》说："燕子来时新社，梨花落后清明。"都是讲春天来临时可以看见燕子的身影，由此可以用燕子来象征春天。

　　《礼记·月令》说："仲春之月"，"玄鸟至，至之日，以大牢祠于高禖"。"仲春之月"即夏历的二月，这个月不像正月那样依旧寒冷，而是开始有一种温暖的气息，正是春天到来的感觉。在这个月里，玄鸟也就是燕子归来，而在燕子归来之日，天子要用太牢的大礼来做高禖的祭祀。太牢是一种祭祀规格，祭品为牛羊豕。高禖又叫郊禖，也就是春天在国都南郊进行的祭祀，祈祷五谷丰登、人丁兴旺。

宋代牧溪
《柳燕图》

　　春天万物复苏，是一个可以充满希望的季节，因此燕子被视为一种吉祥的鸟。

　　以上的雀与燕子都是小鸟，与之对应的就是大鸟。那么古人常常提到的大鸟是以什么为代表的呢？这就是我们今天依然非常熟悉的鸿鹄。

　　《史记》当中曾借陈胜之口说："燕雀安知鸿鹄之志哉！"用的就是燕雀和鸿鹄的对比。其实这个对比，极有可能化自《庄子·逍遥游》。

　　《逍遥游》中两种不同体型的鸟用的是学鸠与鲲鹏。鲲鹏是庄子想象的一种背长超过几千里的大鸟，它想从北海迁徙到南海，需要奋力飞上高空，展开遮天蔽日的翅膀，凭借海运轰轰烈烈地飞翔。在丛林中的小鸟学鸠看来，鲲鹏的行为简直太费劲了，不像自己在小丛林中飞来飞去，自在逍遥。因为眼界所限，所以学鸠不能理解鲲鹏的行为，才有了学鸠对鲲鹏的嘲讽。

　　而这种学鸠与鲲鹏的对比，在现实生活中就犹如燕雀与鸿鹄的对比。二者体型不同，飞行高度不同，目标自然也不同，因此陈胜对不理解他的人才发出如此的感慨。

　　那么，鸿鹄究竟是什么鸟呢？

　　《说文解字》解释"鸿"时说："鸿鹄也。"解释"鹄"时说的也是："鸿鹄也。"可见，在《说文解字》看来，鸿、鹄是一回事。鸿的本字为"鸿"，意为大鸟，指的应该是天鹅。"工"作为构字要素，有大的义项，比如"江"为大水，"缸"为大型陶器等。而在《说文解字》中，"鸿"字是由"江"和"鸟"构成，同样也是指大鸟。

甲骨文　　金文　　篆　　隶　　楷

但甲骨文、金文都写作“鳿”，是由“工”“鸟”或“工”“隹”组成的形声字。后来加水字应该是因为鸿常住水边觅食的原因，比如《周易·渐卦》初六爻辞“鸿渐于干”，就是指鸿在河岸觅食，因此篆字以后加了一个“水”的偏旁。

与燕象征春天相对，鸿常常用来象征秋天。比如苏轼的诗说：“有如社燕与秋鸿，相逢未稳还相送。”梅尧臣的诗说：“春燕不时来，秋鸿今始至。”都是春燕与秋鸿的对比。

但实际上在秋鸿的概念上，鸿字多是指鸿雁。鸿雁一词拆开来讲，鸿是天鹅，雁是大雁。但古人说到鸿雁，往往指大雁的成分更多一些。所以鸿也可以指大雁，鸿雁也可以专指大雁。

大雁的“雁”字也是“應（应）”的本字，其义可能来自雁鸣的回应，以及应时的迁徙。

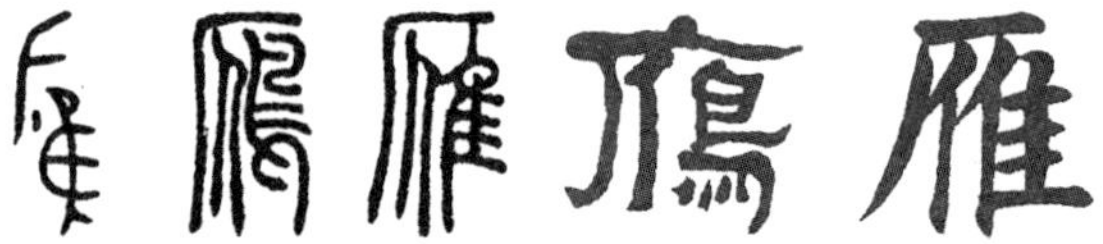

金文　篆1　篆2　隶　楷

篆字“雁”从“人”，而金文似与“人”无关，当是会意鸟鸣的回应。《说文解字》篆字收从“鸟”和从“隹”两个字，《说文解字》和段注都认为这两个“雁”字指两种不同的鸟。段注说：“鴈从鸟为鹅，雁从隹为鸿雁。”也就是说，鴈是鹅，雁是大雁。段注又引毛传说：“大曰鸿，小曰鴈。”由此可见，在古代很难区分天鹅和大雁。而中国的家鹅，据说就是由大雁驯化而来。以此，我们姑且把它们统归为鸿雁。

鸿雁的文化含义大约有三个方面：一、守信，秋天南飞，春天北归，从来不会失约；二、有秩序，在天上飞翔的时候，总是

明代王守谦《千雁图》

会排成各种队形，看起来好像是在变换各种字，所以古人也把雁阵称作雁字；三、据说大雁奉行一夫一妻制，对配偶极为忠诚。

中国古代常用大雁作为求婚的信礼，取的就是以上的文化含义。

中国古代还有一个三厌的观念。所谓三厌，就是人不忍食用的三种动物，分别来自天上、陆地和水中。对应的动物是大雁、狗和乌鱼。

狗是人类的伙伴，是人类最忠诚的伴侣，无论在什么情况下没有一只狗会背叛自己的主人，所以食狗为不义，因此古人提倡不食狗。乌鱼即水中的一种黑鱼，据说乌鱼产籽多而且有孝行，而孝是人间最基本的美德，所以食乌鱼亦为不义。而天上的代表则是大雁，如上文所言，大雁守时、守秩序、守夫妻间的忠诚，是信义和忠诚的象征，也是一种义禽，所以人间不可食用。

三厌的观念，正是人间美好感情的一种投射，在某些古人看来，能不能遵守不食三厌的信条，反映了一个人的人品。

在诸多的大鸟中，还有一种颇具文化含义的鸟就是鹳。

"鹳"字源于"雚"字，或者说"雚"是"鹳"的本字，同时"雚"也是"观（觀）"的本字。为什么"雚"也是"觀"的本字呢？原来在甲骨文和金文中，"雚"的字形就像一只瞪着一双大眼睛的鸟。如果是指鸟，那么"雚"表达的就是"鹳"；如果是指瞪大了眼睛看，那么"雚"表达的就是"观"。为了区别两个不同的含义，于是有了"鹳"字和"观"字。

从字形上看，与"雚"字相近的还有"萑"字，是猫头鹰一类的鸟。"雚"和"萑"早期字形的区别是"雚"有两只大眼睛，而"萑"没有，原因可能是猫头鹰经常闭着眼睛。

甲骨文1　甲骨文2　金文　篆1　篆2　　隶1　　隶2

从上面这行字形来看，甲骨文1是"雚"，甲骨文2是"萑"；篆1是"雚"，篆2是"鹳"；隶1是"鹳"，隶2是"观"。

既然"观（觀）"字是从鹳鸟衍生出来，那么，这个"观"就与普通的看不同，而是带有鹳鸟观察的属性。而鹳鸟的观察有两个特征：一是因昂颈而高，二是有一个停留的状态。

鹳鹤

或许是缘于这个原因，观是古代中国推崇的一种智慧。比如佛教法华宗的止观就是一种修行的方法。所谓止，是指一种安静的状态，身体安静，内心安静。所谓观，则是在安静状态下的一种深度洞察，不过这种观察使用的是心而不是眼睛。其实对应的就是佛教当中的定与慧。定可生慧，定慧又是一体，定则慧，而慧来自定，定慧是一体两面而已。回到止观，则相当于止与观为一体两面。

　　前文我们说过，以鸟为形象的字形分化为"鸟"和"隹"字，而在构字中常常使用"隹"字来代表鸟。因为鸟的意象深入人的意识当中，所以许多字在造字时使用鸟的元素。下面我们举几个与"隹"有关系的字形。

　　首先是"旧（舊）"字。"旧（舊）"字的本义是鸮，也就是猫头鹰。上面的"萑"字的字形描绘的是猫头鹰，而"舊"字比"萑"多了一个声符"臼"。《说文解字》的解读是："鸮舊，舊留也。"意思是猫头鹰长时间地待在巢里。所以猫头鹰也就是鸮，古时又叫作"鸺鹠"，其实就是"舊留"的同音字。从这个解释上不难看出，"舊"的初义来自"久"，因久而旧。

甲骨文　金文　篆　　隶　　楷1　　楷2

　　甲骨文和金文的"舊"字下面的凹陷应该是鸟巢的象形，但篆字以后则变成了"臼"字。隶定后的字一般写作楷1之形，但也有写作楷2之形，而简化字则是截取了楷2右下角的一部分。

　　第二个字例是"夺（奪）"字。

　　《说文解字》对"奪"字的解读是："手持隹失之也。"意思是手中的鸟被抢走。其实，从造字之初考量，"夺（奪）"也有主动抢的含义。

金文1　金文2　　篆　　　隶　　　楷

金文的字形是外面包裹着"衣"字，中间是一只小鸟（上"小"下"佳"，即"雀"字），下面有一只手正在把已经包在衣中的小鸟夺走。篆字则把"衣"省略为"大"，把"雀"省略为"佳"。

第三个字例是"奋（奮）"字。

"奋（奮）"的字形与"夺（奪）"字相近，本义是奋力挣脱而飞走，用以形容类似挣脱束缚时的那种爆发力。

金文　　　篆　　　隶　　　　楷

"奋（奮）"字金文的字形也是外面包裹着"衣"字，中间是一只鸟，只是把"夺（奪）"字下面的手换成了"田"字。《说文解字》认为"田"是田野之义，但从金文字形来看，应该是"雷"字中的"田"，也就是鼓面的象形，象征从束缚（"衣"）中挣脱时那种突然爆发的气势。

第四个字例是"惧（懼）"字。

"懼"的本字应当来自"瞿"，而"瞿"字在文献中或写作"矍"。《周易·震卦》上六爻爻辞说："震索索，视矍矍。"说的是因为雷声恐怖，把人惊得睁大了眼睛。而在帛书本《周易》中

"矍矍"即写作"懼懼"。"懼"由"心"和"瞿"组成,"瞿"的本义是鸟因惊恐而睁大眼睛的样子。所以,"懼"会意为惊恐的心态。

金文　《说文》古文　篆　　隶　　楷

金文字形"懼"的要素俱全,上面是一只瞪着两只圆眼睛的鸟,下面是心。《说文解字》古文是双目和"心"的组合。篆字的心移到了一边,成为偏旁。

从以上字形的构成可以看出,"惧(懼)"的造字是从鸟警惕的状态生发的。通常情况下,恐惧被视为一种负面情绪,但从造字本义出发,在中国古代这种鸟竖起两只眼睛的状态恰恰也是一种必要的智慧,即从戒惧而上升为敬畏。比如前文提到的《周易》震卦,讲的就是因恐惧而生敬畏心的智慧。

《象传》在解释震卦时说:"震亨,震来虩虩,恐致福也。笑言哑哑,后有则也。"

《象传》对卦辞"震亨,震来虩虩"的解读,是"恐致福也"。"虩虩"是恐惧的样子。"震来虩虩",意思是有巨大的雷声传来,人们因此而感到恐惧。雷声的轰鸣给人们带来的恐惧为什么会"致福"呢?这也是一件很奇怪的事。

原来,《象传》是切换了一种思维模式来理解人对雷的恐惧。雷发于天空,可以视为具有上天的意志。雷的巨大声响,确实能产生恐怖情绪,人在这种状态下,就会有敬畏心,而敬畏心恰恰是得到上天福佑的先决条件。一个没有敬畏心的人,可以肯定地说,不会有一个好的结局。所以，敬畏心是一个人获得幸福的法宝。

"笑言哑哑"，《象传》的解读是"后有则也"。"哑哑"是象声词。"笑言哑哑"，是谈笑自若的样子。作为君子，在巨大的雷声面前，要做到的是提醒自己保持敬畏心，而不是乱了方寸。所以，内心的敬畏，反而会带来镇定自若、处惊不乱的表现。正因为能做到处惊不乱，所以，在雷声之后，仍然可以按照规矩行事。这就是"后有则也"。

可见，聪明的古人即使是从鸟的惊惧当中也可以获得有益的启发。

第五个字例是"鸣"和"唯"字。

与"鸟"和"隹"字同源同理，"鸣"和"唯"亦当为同源字，都是一只鸟在叫，"鸣"指鸣叫的状态，"唯"指鸣叫发出的声音。后来，各自顺着不同的方向发生分化，成为两个字。而"唯"字在早期文献的发语词中作"隹"。

甲骨文1　甲骨文2　金文　　篆　　　隶　　　楷

甲骨文　金文1　金文2　篆　　　隶　　　楷

上面这两行展现的是"鸣"和"唯"不同的演变路径。甲骨文中的"鸣"有的字形如鸡鸣，所以我们也可以理解为"鸣"是大鸟叫或者叫的声音很大，而"唯"是小鸟叫或者叫的声音较弱。

　　因此后人用唯唯诺诺表示一种弱势状态下的答应，而一鸣惊人中的"鸣"则是传播广远的叫声。

　　第六个字例是"集（雧）"和"雥"。

　　"雥"中有三只鸟，表示许多鸟在一起。而这些鸟如果落在树枝上，就是"雧"。

　　《说文解字》说："雧，群鸟在木上也。"一群鸟聚集在一棵树上，是一种常见的情形，这种情形就是"雧"。

甲骨文1　甲骨文2　金文1　金文2　金文3　篆1　篆2　　隶

　　甲骨文中有两种字形与"雧"有关，甲骨文1是一只鸟即将落到一棵树上，甲骨文2是三只鸟聚集在一起，此字隶定为"雥"。金文有三只鸟的"雥"，也有一只鸟的"集"，还有"隹"和"木"组合的"集"。篆字有"雧"字，也有省形为"集"的字，所以"集"可以视为"雧"的省略字，隶定以后，多用"集"字。

鸟集于树

最后的字例是"雠"和"雠"。

"雥"和"雦"是用三只鸟表达许多鸟的意象,而"雠"则表达两只鸟在一起;比"雠"字多了一个"言"字的"雠"字表达的是两只鸟不仅在一起,而且互相对鸣,你叫一声我应一声。

金文1　　　　金文2　　　　篆　　　楷

在上面的字形中金文1是两只小鸟对鸣,非常形象,此字亦可隶定为"雠";金文2两只小鸟之间有一个"言"字,意为两只小鸟对着说话,也就是鸣叫,会意更为完整。因此,"雠"的初义为伙伴,进一步引申为仇敌义;因为这种对鸣是一唱一应,所以又引申出校雠义。

而《关雎》中"君子好逑"的"逑",《兔罝》中"公侯好仇"的"仇",都是"雠"字的同音假借。

由此我们终于明白为什么《诗经·关雎》的开篇用"关关雎鸠"来比兴。

雎鸠就是这样一种鸟,雌雄相对,你叫一声"关",我应一声"关",所以诗曰"关关雎鸠"。所对应的正是后面的"君子好逑","逑"为"雠"的假借,因此所谓"君子好逑"其实就是"君子好雠",意思是君子的好伴侣。鸟中的雎鸠是一种完美对应,而人中的君子淑女也是一种完美对应,因此,《诗经》的开篇是用"关关雎鸠"来表达人的爱情,鸟的爱情由此与人的爱情重叠交融。

　　从这些造字字例中我们看出，鸟与我们的祖先之间深刻的关系。鸟可以是人类的景色，可以是人类的伴侣，还可以是人类爱情生活的投影和晕染。

鸡——站在黑白临界线上唤醒第一道曙光

晨起动征铎，客行悲故乡。

鸡声茅店月，人迹板桥霜。

——唐温庭筠《商山早行》

这是一首流传千古的唐诗，尤其是"鸡声茅店月，人迹板桥霜"，更为历代文人所赞叹。茅店上的月，板桥上的霜，月是残月，霜是秋霜，而与人迹对应的鸡声把黎明的寂静撕开一道缝隙，一个他乡凄凉的早晨由此被预约。

鸡，不仅仅是家禽，而且是人间烟火的一个擦不掉的标签。当雄鸡啼鸣时，人间的大幕将被徐徐拉开。

有人的地方，就有鸡。

那么，鸡，对于人间究竟意味着什么？

鸡，是六畜当中唯一由鸟驯化而来的动物。其实，除了鸡之外，至少有鹅、鸭也是较早被驯化的家禽。因此，鸡是作为家禽的代表，入选到六畜之中的。那么，鸡为什么有这样的"幸运"呢？

推究起来，恐怕至少有这样两个原因：一是鸡的饲养更普遍，而且更容易管理；二是鸡被赋予更多的文化内涵。

鸡的驯化或许可以上推到万年之前，江西万年仙人洞遗址就发现有鸡的遗骸。虽然这里的鸡还是未被驯化的原鸡，但这一发现已经把鸡和原始人类联系在一起，所以不排除这一时期或许人类已经开始尝试对原鸡进行驯化了。

草地上的雄鸡

时间推移到距今 7000 年左右，鸡的出镜率越来越高，例如河北的磁山遗址就出土了大量的鸡的遗骸。经过 3000 年左右的时间，原鸡正在慢慢地变成家鸡，或许这一时期鸡已经被成功驯化。而在距今 6000 多年前的遗址当中，鸡的出现更加频繁，例如山东滕州的北辛遗址、泰安的大汶口遗址，以及陕西西安的半坡遗址、宝鸡的北首岭遗址都发现了鸡的遗骸。如果把中国古代鸡的驯化时间确定在距今六七千年，恐怕已经不会有太多的质疑。

说起鸡，曾经有一个有趣的命题常常被大家所津津乐道，那就是：先有蛋还是先有鸡。这或许是一个永远也找不到答案的提问。但如果从遗物出土的角度来说，那么这就是一个简单的问题。从目前的考古发现来看，可以肯定地说：先有鸡后有蛋。

因为鸡的发现可以上溯到六七千年之前甚至万年以前，但鸡蛋的发现最多可以上溯到 2800 年之前，这个时间点已经触到了西周晚期，此后很快就将进入波澜壮阔的春秋战国时代，甚至距离孔子删选《诗经》的年代也不远了。这是一罐尘封已久的鸡蛋，发现于江苏句容浮山西周墓中，可惜鸡蛋的保存情况并不理想。

21 世纪初发掘的山东章丘洛庄汉墓一座陪葬坑中也发现了大量的鸡蛋，好在这一回居然有保存比较完整的样本，我们由此可以一睹 2000 多年前鸡蛋的真容。

洛庄汉墓出土的鸡蛋

　　除了鸡骸骨和鸡蛋之外，还有许多与鸡有关的古代艺术品出土。在这些艺术品当中，新石器时代最常见的就是陶鸡，例如湖北天门山石家河镇邓家湾遗址发现了许多距今 4500 年左右的陶鸡。此外，山西襄汾陶寺遗址、湖北京山屈家岭遗址、河南伊川马回营遗址等也曾出土过陶鸡。汉代陶鸡的出土更加丰富，而且形式多样，特别是彩色陶鸡，写实而生动，真可谓栩栩如生，这一时期甚至还有鸡笼的模型出土。

汉代陶鸡　　　　　　湖南长沙东汉彩釉陶鸡笼

　　其他材质的鸡形象以三星堆出土的铜鸡最为有名。这是一只气宇轩昂的雄鸡，体型丰满敦实，鸡冠、肉髯显著，身上遍饰花纹，尾翼呈弯曲状，双足粗壮有力，整体结构有一种向上的趋势，似乎在引吭啼鸣。

　　从这些形形色色的鸡形象的古代艺术品中，我们可以看出鸡文化对中国古代生活渗透的深刻。

　　那么，远古造字时是如何来体现鸡的特征呢？

　　其实"鸡"字已经属形声字的范围，字形主要有两种，一种写作"鷄"，一种写作"雞"。右边的"鳥"和"隹"最初都来自鸟的象形，后来才出现了分化，因

三星堆出土的铜鸡

此在古人的认知里，鸡自然是来自鸟。而其中作为声符的"奚"同样具有造字含义。"奚"字由三部分组成，上面是一只手，象征抓获；中间是一个丝茧形的字形，象征缚住；下面是一个正面站立的人。三部分字形会意被抓获缚住的人，也就是奴隶。而与"鸟"字组合在一起，则会意被人所束缚的鸟，即被人类驯化的鸟。所以，"鷄"或"雞"并不像"鹅""鸭"等纯粹的形声字那样，而是也有会意的成分在其中。

　　"鸡"字在甲骨文和金文中，既有开启后来形声字的字形，也有比较纯粹的象形字。

甲骨文 1　甲骨文 2　金文 1　金文 2　籀　篆　楷 1　楷 2

　　甲骨文 1、金文 1 是图像化的象形字，标识性大于文字性。尤其是甲骨文 1，俨然一只昂首啼鸣的雄鸡形象。金文 1 则让人联想到鸡作为凤凰主要原型的形象。

甲骨文 2 是形声字，但"奚"的另一边是鸡的象形，更接近"凤"字，而不是"鸟"或者"隹"。金文 2 是比较标准的形声字，成为"鸡"字的祖型。隶定以后的"鸡"字，"鷄""雞"并行，而以"雞"为规范字。

我们知道，家鸡来自驯化的野鸡，而野鸡在古代也有一个专有名词，叫作"雉"。

"雉"字一边是"矢"，一边是"隹"，会意用箭猎获的鸟。

甲骨文 1　甲骨文 2　篆　　隶　　楷

"雉"字甲骨文有两种字形，一种是"夷"和"隹"的组合，一种是"矢"和"隹"的组合。"夷"和"矢"的区别是，"夷"是一支缠有矰缴的箭，而"矢"是没有矰缴的箭。矰缴的作用是当箭射中猎物后，把箭上系的矰缴往后捯，就可以轻易地找到射中的猎物。篆字以后选择了相对简化的"矢""隹"组合。

古人认知的野鸡同样品种繁多，《说文解字》列举了 14 种。野鸡是一种非常漂亮的飞禽，既是家鸡驯化的源头，也是凤这种想象中祥瑞动物的祖型。

驯化之后的鸡是家禽的代表，那么家禽的"禽"字是由何而来的呢？

"禽"其实和"毕（畢）"是同源字，都是来自一种以捕鸟为主的狩猎工具。这种工具上面有网，下面是一根长柄，字形会意以手持柄来捕鸟。

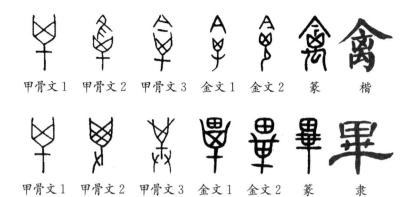

上面这两行字形我们可以理解为"禽"字和"毕（畢）"字的演变过程，二者都是从一种长柄的捕鸟工具演变而来。

"禽"字在甲骨文2中，网中捕的是鸟，说明这种狩猎工具以捕鸟为主。不过，甲骨文中也有毕上面加一个"今"字的形声字。金文以后，"禽"与"毕"逐渐分化，"禽"字上面加"今"字作为声符；"毕"字则上面加"田"字，以加强田猎的含义。

因为"禽"这种捕猎工具主要针对的是鸟类，所以鸟类在古代也称作"禽类"。即使鸡、鸭、鹅被驯化以后，仍然被称作"禽"，只是前面加一个"家"字，以此与野禽区别开来。

在家禽当中，无疑鸡被赋予更多的文化含义。比如，古人把鸡的文化含义总结为五德。

鸡的五德之说来自《韩诗外传》，说的是田饶与鲁哀公的一段对话：

> 田饶事鲁哀公而不见察，田饶谓哀公曰："臣将去君，黄鹄举矣。"哀公曰："何谓也？"曰："君独不见夫鸡乎！首戴冠者，文也；足搏距者，武也；敌在前敢斗者，勇也；得食

相告，仁也；守夜不失时，信也。鸡有此五德，君犹日瀹而食之者，何也？则以其所从来者近也。夫黄鹄一举千里，止君园池，食君鱼鳖，啄君黍梁，无此五者，君犹贵之，以其所从来者远矣。臣将去君，黄鹄举矣。"

这段故事中首次讲到了鸡的五德：文、武、勇、仁、信。

文德出于鸡首戴冠。冠是古代男子成年以后，把头发束起来的头饰。男子加冠表示成年，从此开始修行之路。所以戴冠代表一种文德。而鸡尤其是雄鸡有显著的鸡冠，犹如士大夫的冠，因此激发了古人关于文德的想象。武德出于鸡足上的距，这是雄鸡用来搏斗的武器，因此生发出武德义。雄鸡不怯于斗，因此生发勇德之义。雄鸡发现食物，不是自己独食，而是唤来同伴一起享用，因此生发仁德之义。雄鸡天明则鸣，从不错过时辰，因此生发信德之义。

雄鸡的这些品德，是古人从鸡身上发掘出来的用以自勉的品德，因此与其说是鸡的品德，毋宁说是古人自己希望具有或养成的品德。

尽管这段文字是有关鸡五德的出处，不过，其实田饶的话重点并不在此，而是在于鸡与黄鹄的对比。同是一个谋士，如果总在君主的旁边，是一个君主熟悉的人，那么他就像君主身边常见的鸡一样，纵有那么多的美好品德，由于司空见惯，所以不易被发现；如果是一个远来的谋士，则犹如一只黄鹄，领受君主再多的好处，君主也会觉得他值得如此重视。因此，是鸡还是黄鹄，并不在于谋士本身，而是从君主的角度怎么看。既然田饶在鲁哀公这里只能被看成一只不起眼的鸡，无法发挥五德的功能，还不如另谋去处，做一个其他君主眼中的黄鹄。

　　其实像田饶这样的遭遇，在现实生活中也极为常见，这也许是因为离得太近造成的盲区。但如果回到鸡的主题，我们则从这个故事当中看到了鸡的另外一面，那就是鸡离人类实在是太近了，近到以至于鸡有什么品德会被完全忽视。

　　正因为如此之近，鸡成为人类身边理所当然的一种存在，如果走在路上，只要隐隐听见鸡的叫声，行人就知道离有人居住的村落不远了。鸡犬之声因此成为人间烟火气息的象征。

　　古人有许多用鸡鸣来渲染人间烟火气息的诗句，比如陶渊明的《归园田居》："暧暧远人村，依依墟里烟。狗吠深巷中，鸡鸣桑树颠。"一幅村居的恬淡画面跃然纸上。与之相反，曹操的《蒿里行》则用"千里无鸡鸣"来形容战争带来的荒无人烟。有鸡的地方，则有暖暖的人间气息；无鸡的地方，则是荒凉之所在。

　　而有鸡无鸡，古人往往是从听觉的角度描述，因此鸡鸣就成为古代文人最方便的选择。即使回到鸡的五德当中，我们也会发现，其实给人印象最为深刻的莫过于雄鸡代表信德的守夜司晨。

　　这一点其实也反映到"鸣"的造字当中。

　　在甲骨文和金文当中，"鸣"和"唯"可以视为同源字，都是一只鸟在叫。但如果仔细观察则会发现，"鸣"字更像是一只啼鸣的雄鸡与"口"字的组合，而"唯"更偏向于一种普通的鸟与"口"字的组合。

甲骨文1　甲骨文2　金文　　篆　　　隶　　　楷

甲骨文　金文1　金文2　篆　　隶　　楷

因此，"鸣"虽然泛指鸟叫，但最初或许就是专指雄鸡的啼鸣。

而鸡鸣在古代还有一项特殊的含义，即代表了一个时间的概念，那就是天亮。而天亮又意味着到了起床的时间。

古时因为缺乏照明的方式，因此人的作息基本以自然的日出日落为准，所谓"日出而作，日入而息"。而人在睡梦中如何感知天亮的信息呢？这个职责就落在了雄鸡的身上，因为雄鸡有守时的信德，只要天蒙蒙亮，雄鸡就会引吭啼鸣，这就是雄鸡司晨。

在《诗经》当中有两首关于鸡鸣的诗非常有趣，都是写天亮时分夫妻之间的对话：

> 鸡既鸣矣，朝既盈矣。匪鸡则鸣，苍蝇之声。
>
> 女曰鸡鸣，士曰昧旦。子兴视夜，明星有烂。

第一首是《齐风·鸡鸣》，说的是妻子提醒丈夫，鸡已经叫了，该起床上朝了。丈夫或许连眼睛都没睁，反驳妻子说，不是鸡叫，是苍蝇叫。其实就是偷懒不肯起床。

第二首是《郑风·女曰鸡鸣》，说的也是妻子提醒丈夫鸡已经叫了，该起床了。丈夫则说，天还没亮呢。不信你起来看看，启明星还亮着呢。

看起来男人可不如雄鸡守时，怪不得古人赞誉鸡的五德，以信德为例，古人实在是羡慕雄鸡的自律。

　　与雄鸡的司晨不同，母鸡的职责则是孵化鸡雏，抚育和呵护小鸡。如果母鸡不去承担自己的责任，而是干了雄鸡应该干的活，即所谓"牝鸡司晨"，古人认为是一种不祥之兆。

　　牝鸡，即母鸡。"牝鸡司晨"的典故出自《尚书·牧誓》，原文是："王曰：古人有言曰：牝鸡无晨；牝鸡之晨，惟家之索。"意思是：武王说，古人有言，母鸡不可打鸣报晓；如果母鸡打鸣报晓，那么这个家庭可能就要败落了。

　　这段话可以有不同层面的理解。如果不去上升到女权层面，单纯从分工秩序来看，雄鸡有雄鸡的职责，母鸡有母鸡的职责，尤其在古人的眼里这种分工习以为常，不可颠倒。而让母鸡司晨，犹如让雄鸡下蛋一样不正常。如果出现了类似的反常现象，恐怕就不是吉兆。

　　自古至今母鸡的意象除了可以生蛋，带来持续财富之外，就是浓浓的母爱。在古代有关母鸡主题的艺术创作中，常常以母鸡携幼雏的画面表达母爱。比如明宣宗宣德皇帝就曾经画过《子母鸡图》，画面中鸡雏围绕在母鸡身前，扬首啼鸣，与母鸡形成呼应，表现出母子相依的温暖情调。这种风格的表达形式，其实在宋代的画作中就已经有所体现。

宋代王凝《子母鸡图》　　　　明宣宗《子母鸡图》

在鸡文化当中，母鸡所占成分不多，主要还是来自雄鸡的司晨。司晨的意象，不仅仅在于守时，因为古人有"一日之计在于晨"的理念，所以，其中还有表达勤奋的含义。最著名的典故是祖逖的"闻鸡起舞"。

据《晋书》记载：祖逖年轻的时候与好朋友刘琨一起任司州主簿的小官。两个人的友情非同一般，甚至好到夜里盖一床被子睡觉。有一天半夜忽然听见鸡叫，先醒过来的祖逖就踢醒了刘琨。刘琨认为大半夜鸡叫，不是什么好事。但祖逖却认为，这是老天提醒年轻人要勤奋，于是他叫起同伴，两个人就在夜色之中开始了练剑习武。

在动物的习性中发掘有助于自我的内涵，正是古人的智慧。

鸡除了在人间烘托人间烟火之外，也会被提升到神仙境界。比如，李白的《梦游天姥吟留别》中说："半壁见海日，空中闻天鸡。"可见不仅人间有司晨之鸡，连天界也有啼鸣的天鸡。

天鸡的传说在文献当中有案可稽，例如南朝梁任昉《述异记》卷下记载："东南有桃都山，上有大树，名曰桃都，枝相去三千里。上有天鸡，日初出，照此木，天鸡则鸣，天下鸡皆随之鸣。"根据古人的想象，原来人间的鸡是因为天鸡的引领而在黎明之初报晓。

正是因为雄鸡的报晓功能，人们又把鸡与黎明前出现于夜空的启明星联系起来。所谓启明星，其实就是太阳系行星中的金星。由于金星是地内行星，从地球的角度看，总是离太阳比较近，所以，通常只能在黎明之前或黄昏后不久在日出日落的方向见到，古人为区别起见，就给它起了不同的两个名字，如《诗经·大东》所说："东有启明，西有长庚。"那么，在黎明之前见到的金星就是启明星。启明星的含义是开启黎明，这与雄鸡司晨的功能相似，古人于是就把二者结合起来，因此在描绘金星之神时就加入了鸡的元素。比如《太上三十六部尊经》描绘的金德星君的形象是"猴头、鸡身"；《七曜攘灾决》则把金星之神描绘为女性，形象是"着黄衣，头戴鸡冠，手弹琵琶"。都与鸡有关。

鸡首壶

　　鸡还与六畜中的羊一样，是中国古代吉祥文化的重要成员之一。羊，因为是"祥"字来源，因此代表了"吉祥"中的"祥"，而代表"吉"的就是与之谐音的"鸡"。因此，鸡成为吉祥图案的常见主题。从魏晋至隋唐，流行一种鸡首壶，或许与鸡的吉祥含义有关。而清代乾隆年间那只价值不菲的鸡缸杯主题也是一个童子与一只活灵活现的雄鸡，吉祥之义不言而喻。

　　鸡还是唯一入选十二生肖的家禽。鸡对应的地支是酉，酉对应的五行是金，鸡与酉的对应关系或许与黄昏时出现的金星有关。而且，酉在十二时辰中对应

唐代十二辰陶鸡俑

的是现在的下午 5 点到 7 点，差不多正是黄昏时分。这种对应关系已经与雄鸡司晨无关，可能性更大的是与鸡栖息的时间有关。

　　《诗经·王风》中有一首《君子于役》：

　　　　君子于役，不知其期。曷至哉？鸡栖于埘。日之夕矣，羊牛下来。君子于役，如之何勿思！

　　　　君子于役，不日不月。曷其有佸？鸡栖于桀。日之夕

矣，羊牛下括。君子于役，苟无饥渴？

两段诗中鸡栖的时间都是"日之夕矣"，而所栖之地一为"塒"，一为"桀"。"塒"是专用的鸡舍，而"桀"就是树杈。可见，鸡栖息的时间正与酉时对应。

鸡，作为相伴于人类身边的鸟类，深刻地渗透到人们的日常生活甚至精神生活当中，因此，古代先民从鸡的身上发掘出林林总总的文化寓意，形成精神层面的与鸡的交融。几千年来，鸡已经固化为人类生活不可或缺的元素，几乎是有人的地方必有鸡。可惜近几十年来随着城市化的进程，人与鸡的隔膜逐渐加深，人与鸡的关系越来越疏远，生活的情趣也同步淡漠。与鸡的远离，同时也意味着与我们自己的远离。

即将收笔之时，忽然想起《孟子》当中的一段话："人有鸡犬放，则知求之；有放心而不知求。"鸡犬跑丢了，人知道去找回来；自己的心丢了却不知道找回来。

而如今，连鸡犬之声也远离了，如何还能找回自己的心？

狗——人类敬畏心的灵感源泉

在中国古代，由于人把自己当作自然界有机整体的一部分，所以，敬畏心成为人类最有效的智慧之一。

古代中国人的敬畏心，最典型的例证是造字之初对"人"这个字形的选择。造"人"字，最好的办法自然是象形，最初有两个字形可以选择：一个是正面站立的人形，一个是侧身弓背的人形。正面站立的人形给人一种唯我独尊的自大的感觉，而侧身弓背的人形，则给人一种谦恭的感觉。古人最终选择了谦恭的字形，在天地之间躬身揖手，表达了对自然万物的敬畏。而那个看起来有些自大的字形，则留给了"大"字。

那么，敬畏的"敬"字来自哪里呢？原来来自人对狗的观察。

作为人类最亲密的伙伴，人类最有机会对狗做长时间的细心观察。狗的最大特点之一，就是特别警觉。当它听到异样的声音，就会非常警觉地竖起耳朵。所以，古人就把一只狗蹲坐在那里，竖起耳朵仔细听周围声音的形象描绘出来，比如甲骨文作"🐕"、金文作"🐕"，作为警觉的"警"的本字。我们把最初的这个字形隶定成今天的字形，则可以写作"苟"字。如果它不仅仅是竖起耳朵来听，而且发出警觉的叫声，那么，就需要在这个字形旁边加一个"口"字，这个字就是"苟"字。注意，"苟"字不是"苟"字，后者上面是"艹"，所以是一种草的名字；"苟"字上面不是"艹"，而是狗的两只耳朵的变形，所以，"苟"其实是"敬"的本字，描绘的是狗在警觉状态下发出吠声的样子。不过，后来这两个字形被混淆，所以"敬"字左边往往被写作"苟"，而不再用"苟"的字形。

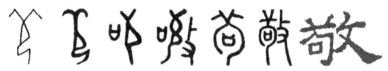

甲骨文　金文1　金文2　金文3　篆1　篆2　　隶

　　比较有趣的是，"苟"字最初表达的是"敬"的含义，而"敬"字最初表达的却是"儆"的含义。因为"敬"字是在"苟"的基础上，加了手持棍棒的字形，也就是"攴"字，或写作"攵"。所以，"敬"的字形表达的本义是督促儆戒，是"儆"的本字。但"敬"字在应用中，用的是由"苟"生发的敬畏、尊敬的"敬"的含义。而在"苟"字最初的含义上，字形进一步繁化为"警"和"惊"。"警"是警觉，"惊"是惊（惊）吓。

　　"警"字加了一个"言"字，强调了对声音的反应，或者用发出声音的方式强化警觉的含义。"惊"字加了一个"马"字，主要描述的是马惊的状态，这个字中就有了"狗"和"马"两种动物。用两种动物受到惊吓的状态，丰富了"惊"字的含义。

汉代绿釉陶狗

由此一来，我们就可以总结出这几个字形的进化顺序，即：

勺——苟——敬——警　惊

而恰恰是最后两个字，即"警"和"惊"字，才是最初的字形"勺"本来的含义。

从这几个字的进化演变中，我们就可以读出古人的敬畏心，从造字层面，灵感是来源于对狗的观察。

古人受生活当中狗的启发造"敬"字，除了狗具有警觉的特性之外，还与人和狗的亲密关系有关。

远古时期，在中国，狗和猪是最早驯化的动物，或许最初，狗与猪一样，也是作为稳定的食物来源而被驯化的。但随着人类对狗忠诚、驯良而且容易沟通的特质的了解，人类对狗产生了类似同类的特殊感情，狗逐渐成为人类忠诚的伙伴。

在新石器时代遗址当中，从七八千年前的贾湖遗址，到四五千年前的大汶口文化遗址、龙山文化遗址，猪的骸骨一般都不是完整的，而狗的骸骨一般都是完整的，而且狗的骸骨会出现在腰坑等特别为狗提供的场所。说明，狗无论是殉葬还是一般性埋葬，都不是作为食物或由食物衍生的财富象征来埋葬的。

商代是一个崇拜鬼的朝代，所以，商人对死亡的理解与后代不同。商代的《易》称为《归藏易》，而归藏则是指归藏于大地，人死以后，也是归藏于大地，《说文解字》在解读"鬼"时说："鬼，归也。"指的也是人死后归于大地。这就是最早的视死如归。因为这个原因，商代有在今天看起来非常残忍的殉人制度。在商人的墓葬中，经常可以见到数量惊人的人的殉葬。

而商人除了有人的殉葬之外，还有大量狗的殉葬。如果我们放下今人的视角维度，回到商人的视角维度，那么，这些殉狗现象恰恰证明了商人把狗作为重要的伙伴。不仅在现实世界中人需要狗的陪伴，而且在另外一个世界，人同样需要狗的陪伴。

因为人与狗的这种亲密关系，古代遗址中除了发现狗的骸骨之外，还出土了与狗形象有关的遗物。比如山东胶县三里河大汶口文化遗址出土的兽形鬶，显而易见是一只昂首吠叫的狗。狗的背部是一个圆形的入水口，口部则是出水口，口部两侧犬齿隐隐可见，尾巴上卷至背部，其实是鬶的把手，四肢直立，挺胸昂首，栩栩如生。而湖北石家河文化邓家湾遗址也出土了一批小巧玲珑的陶狗，这些陶狗形态各异，乖巧可爱，充分展现了古人对狗的喜爱。这种以狗的形象作为艺术创作对象的传统，一直持续到汉代，而汉代的陶狗，更加形象写实。

古代人与狗的关系可以概括为三个方面：一、狗为主人看家护院；二、狗作为主人打猎的助手；三、狗作为贵族的宠物。

狗可以看家护院，可能是人类最早开发出的狗的能力之一。上面讲到"敬"字时，就提到狗特别警觉的特性。尤其到了夜晚，人处在睡眠状态，为了保证人在最容易受到攻击时的安全，院子里养一只狗是非常有效的方式。而且，狗

胶县三里河兽形鬶

有连续吠叫的天性，很容易把熟睡状态下的人叫醒。汉代王符《潜夫论·贤难》中说："一犬吠形，百犬吠声。"整个村落，如果有不速之客闯入，首先发现的狗发出吠声，其他即使没有看见状况的狗也会随后发出吠声，这样就大大降低了村落被偷袭的危险。甲骨文的"𤞤"字，描绘的是一个蹲坐在那里警惕地提着两只耳朵的狗，就是来自狗正在看家护院的形象。

在十二生肖中，为什么狗对应的是戌？原来把十二地支放在一昼夜之内，那么，戌对应的时辰相当于现在的晚上七点到九点，正是一天之内入夜的时间。从戌时开始，主人就把家族的安全交给了狗，所以戌就成为狗主掌的时辰。

其实狗在古代，不仅用在村落中的看家护院，而且被用在战争中。比如在战争频繁的春秋时期，狗就被用来协助守城。

《墨子·备穴》中说："穴垒之中各一狗，狗吠即有人也。"

《备穴》篇讲的是如何破解敌方通过挖穴攻城。对付挖穴最好的方式，是以挖穴制挖穴。在城内敌人容易挖穴的地方事先挖穴，一旦敌方所挖的穴与我方的穴打通，就用烟熏的方式，迫使敌方后退。那么，如何确定打通的洞穴中有人呢？最有效的方式就是每一个穴垒安排一只狗守候，一听到犬吠，就知道有人出现了。

而把狗应用到守城中的做法，一直延续到唐代。《通典·乐典》中说："恐敌人夜中乘城而上，每三十步悬大灯于城半腹，置警犬于上，吠之处，即须加备油炬。"在城上每三十步就安排一只狗来担任警戒，以防止敌人的偷袭。这可能是警犬的最早记载。

狗的第二个重要的功能是作为主人狩猎的助手。

狩猎的"狩"字，起初是野兽（獸）的"獸"字。

"獸"字早期字形是由狩猎工具"单"和"犬"组成，会意拿着狩猎工具、牵着狗去打猎，所以，最初的"獸"字当是"狩"的本字。

甲骨文1　甲骨文2　金文　篆　隶　楷

甲骨文"獸"字中的狩猎工具或作"干"形，或作"单"形，有"单"有"犬"，会意狩猎。金文中狩猎工具作"单"形。"干"是用分叉的木棍制成，在枝杈的上端绑上石头，用于击打猎物；"单"则是在"干"的分叉处再加了一个网，或者是绑了一块更大的石头。篆字"单"的下面加了一个"口"字，变成"兽"字，隶化的字形即以此为准。因为狩猎中获取的对象是野兽，所以，这个字形被借为野兽的兽（獸），而在狩猎的含义上，则又造了一个形声字"狩"，从此"獸""狩"分野，各司其职。

携犬打猎的习俗，从史前时代开始延续至今。比如宋代的著名文学家苏东坡有词云：

老夫聊发少年狂，左牵黄，右擎苍，锦帽貂裘，千骑卷平冈。

词中"左牵黄"的"黄"，指的就是大黄狗。

古人之所以会携犬打猎，是因为狗有灵敏的嗅觉，可以比人更容易找到猎物。而在造字之初，古人就发现狗的嗅觉非常突出，所以，"嗅"的本字"臭"字就来自对狗的嗅觉认知的灵感。"臭"字由"自"和"犬"字构成，"自"就是鼻子，所以，从字形上看，"臭"就是狗鼻子，因为狗鼻子嗅觉灵敏，所以用狗鼻子会意"臭（嗅）"字。后来"臭"字被借去表示气味，尤其是表示不良气味，在嗅觉的"嗅"的含义上就加了一个"口"字，变成了"嗅"字。但我们在读古文献时需要注意，"臭"字多半用在本来的含义上。

甲骨文　　篆　　　隶　　　楷1　　楷2

　　除了以上提到的与狗相关的字形外，由于人对狗的熟悉，还有许多造字与狗有关。

　　首先是犬字旁的使用。在汉字造字完成阶段，汉字的字形和书写方式逐渐稳定，其中重要的标志之一就是形声字的大量出现，而形声字的大量出现有效地解决了早期汉字一字多义、多字同源带来的困扰。在形声字造字当中，与动物相关的形声字在选择形符时，其中有一大类选择了"犬"字旁，这个"犬"字旁，在后代的隶书和楷书当中做了变形，变成所谓的反犬旁"犭"。以"犭"为偏旁的造字非常丰富，比如狼狈、狐狸、猞猁、猿猴、猢狲等，多是指哺乳动物。而古人之所以选择"犬"字来归类一大批哺乳动物，原因就是狗生活在人的身边，是最佳的参照物。

　　其次，非常有趣的是最代表人类感情的"哭"和"笑"的造字，都与狗有关。

　　关于犬与哭的关系，《墨子·非攻》中说："昔者三苗大乱，天命殛之，日妖宵出，雨血三朝，龙生于庙，犬哭乎市，夏冰，地坼及泉，五谷变化，民乃大振。"这里讲的是"三苗之乱"引起的一系列反常现象，其中就包括"犬哭乎市"。这里描述的"犬哭乎市"，以及造"哭"字用到"犬"字，当与狗一种"呜呜"的叫声有关。

　　而"哭"这个字形的由来，很可能与"丧（喪）"字有关。"丧（喪）"今字字形是两个"口"字夹在类似"衣"字的一个字形中间，而篆字字形则是由两个"口"字、一个"犬"字和一个"亡"字构成，这种字形可以上推至金文。但在甲骨文中的这部分"犬"和"亡"字，来自桑树之形。

甲骨文1　甲骨文2　金文1　金文2　战国简　篆　　隶1　　　隶2

在远古时期，桑树不仅与养蚕相关，而且还与古代的丧葬有关。那时候家族中如有人亡故，家人和族人或许是围在桑树下哭丧，以表达悲痛之情。因此，甲骨文的"丧"字是桑树中间有许多的"口"，会意有很多人围在桑树下哭泣。金文之后桑枝变形为近"犬"形，下有"亡"字。

甲骨文1中桑树形比较明显，甲骨文2中的桑树有变形，开启了金文的字形。金文桑枝的变形看起来像上"犬"下"亡"的连接，篆字则完全变成了"犬"和"亡"的组合，四个"口"简化为两个"口"，分置"犬"字左右。不过，战国简牍有的字形仍然可以看出桑树之形，只是桑枝简化为一枝。隶变之后，"丧"字有的保留了下面的"亡"字，有的下部则讹变为"衣"字，进而变成"丧"的字形。

而"哭"字则是从篆字"丧"字简化而来，保留了犬形和上面的两个"口"。

"笑"字今字字形由"竹"和"夭"字构成，其实"笑"字还有另外一个字形，由"竹"和"犬"字构成，被认为是古字或俗字。现在尚无证据证明哪一个字形更加古老。朱骏声认为："此字古皆从犬，本义犬狃人声也。"意思是这个字形的来源是来自狗和人亲近时发出的声音。

　　我们知道，"哭"和"笑"是人类最突出、最典型的两种表情，古人用"犬"为构件来造"哭"和"笑"，说明了古人人与狗情感相通的理念。

　　第三是一些与狗相关的会意字也反映了人与狗的密切关系。比如"伏""器""状""狱""奖"等。

伏（金文）　　器（金文）　　状（金文）　　狱（金文）　　奖（秦印）

　　"伏"，是由一个人与一只犬构成，会意一个人像狗一样趴伏在那里。因为狗趴伏在地上，是人经常可以观察到的现象，因此古人用此字形造"伏"字。

　　"器"，是由一个犬和四个"口"组成。一般认为，"口"象征器物，而犬负责看管这些器物，由此会意"器"字。也有人认为，"器"通哭泣的"泣"，所以"哭"字来自"器"，是"器"的省形。

趴伏的狗

　　"状（狀）"，是由"爿"和"犬"组成，是形声字，"爿"表示读音。因为狗是人最常见的动物，说到形状，人总是会想起狗，所以用"犬"字来代表各种形状。

　　"狱"，是两只犬中夹一个"言"字，表示二犬对吠，会意相争。这也是人们日常生活中常见的情景，所以，用这个字形来表达相争的含义。

　　"奖（奬）"，本是由"将"和"犬"构成的形声字。"将"表

示读音，而字形中有"犬"，意思是用奖励的方式驱使狗去追逐
猎物。

　　另外值得一提的是甲骨文中"豕"与"犬"的对应造字，反
映了人间浓浓的烟火气息。

　　在古代造字当中，和牛羊一样，猪和狗为一组，猪和狗即豕
和犬。在牛羊的造字中，古人抓住的特点是牛角和羊角的方向，
那么，豕和犬相互区别的特征是什么呢？这一次的方向与牛羊正
好相反，古人抓住的是二者尾部的不同特征。豕是短尾向下，而
犬则是长尾上翘。

　　左边一组是图画性较强的商代金文，一头肥肥的猪短尾向下，
一只瘦瘦的狗长尾上卷，一眼就可以看出是什么动物。右边这一
组是有符号化倾向的甲骨文，二者身体部分很难看出区别，但尾
部完全不同，同样可以领会出哪一个是猪（豕），哪一个是
狗（犬）。

　　猪和狗是人们平时最常见的动物，尤其在乡村，几乎随处可
见，所以猪狗最能表现出人间的烟火气息，这也是古人造字时把
两者作为一组的原因之一。

　　其实与猪相比，狗的烟火气息更加浓郁，因为犬吠之声，往
往代表了人类聚落的生气。除了与猪并提之外，狗还常常与鸡并
提。原因是犬吠鸡鸣是我们最常听到的声音，甚至这两种声音经

常相伴而起，所谓"鸡犬之声相闻"。

作为人类的忠实伴侣，狗还经常出现在古代的诗歌或者其他文学作品之中，作为我们生活情景中的配角。比如《诗经·野有死麕》中就有一段关于少男少女的恋情描写，里面也有狗的身影。这首诗描写了少女在野外偶遇一位正在打猎的少年，两个人一见钟情，少年就把打来的猎物当作礼物送给少女，并对少女有亲昵的举动。对于这样的举动，少女对少年说："舒而脱脱兮，无感我帨兮，无使尨也吠。"意思是你动作轻一点，不要动我的佩巾，不要惊动这只多毛狗，惹得它汪汪叫，表达的其实是少女半推半就的心态。

尨是一种多毛犬，字形是"犬"字加了一个"彡"，用以表示狗多毛。在这首诗中，不知这只狗主人是谁？从情境来看，少年出门打猎，似乎应该是少年携带的狗；但从少女所说的话来看，只有狗感觉对主人有攻击的时候，它才会发出吠声，因为少年对少女有亲昵的动作才引起狗叫，所以看起来又像是少女带在身边的保镖。总之，不论是谁带来的多毛狗，反正这只狗见证了这场热恋。

历史上还有一个非常著名的比喻——丧家之狗。这是来自《史记·孔子世家》中的一段描写。当年孔子在郑国与弟子们走散，子贡到处打听老师的下落，结果有一个郑国人对他说："东门有人，其颡似尧，其项类皋陶，其肩类子产，然自要以下不及禹三寸，累累若丧家之狗。"意思是东门那里好像有这么一个人，额头像尧，脖子像皋陶，肩膀像子产，腰以下比禹矮三寸，那个落魄的模样就像个丧家之狗。尧、皋陶、子产、禹都是圣人贤人，所以看起来前面还都是好话，但最后的丧家之狗，好像不太中听。

子贡按照那人所说找到了孔子，并把那人的话一五一十说给了孔子。孔子是什么反应呢？孔子说：前面那些关于长相的形容还在其次，最后这句"丧家之狗"太准确了。也就是说，孔子就把自己比喻成"丧家之狗"。可见，最初的"丧家之狗"最多是一种嘲讽，而不是骂人的话。这从另一侧面，说明了人与狗之间的亲密关系。

如上所述，狗在人类发展史上至少给我们带来现实生活和精神层面两方面的帮助。在现实生活中，狗作为人类最亲密的伙伴，在许多方面成为我们最得力甚至是不可或缺的助手。在精神层面，一方面，狗的忠诚成为人类的一面自省的镜子；另一方面，狗是我们敬畏心的灵感来源之一。

对于我们当代人尤其是都市普通居民来说，狗已成为家庭宠物，除了一些特殊的行业或领域，狗的实用功能不再被关注。与此相应，在许多家庭里，狗被视为家庭的成员之一。狗对于当代人类来说，更多地与情感有关。它们既成为人类爱心释放的一个出口，也成为让人类的内心变得更加柔软的依托。但在我们享受这种爱带来的快乐的同时，我们也不应该忘记，在人类一路走来的历史中，它们所给予我们的种种恩赐。

 猪——丰满的希望

　　猪在中国古代称作"豕",而"豕"字最初就是一头猪的简笔画。甲骨文因为是锲刻文字,一般是直刀的线条,所以,"豕"字不太容易看出是一头猪;而商代的金文因为是铸造文字,则可以比较自由地表现出猪的特点,所以,商代金文的"豕"字就是一头猪的形象,体态肥圆、活灵活现,一望可知。

　　从甲骨文和金文中最初出现的"豕"字看,"豕"字造字原型明显就是家猪。所以,至少在商代,猪已经被完全驯化,并成为重要的家畜。

甲骨文　　金文1　金文2　　篆　　　隶　　　　楷

　　那么,猪是从什么时候开始被古人驯化的呢?从史前时代的各地遗址来看,猪被驯化的时间或许并不完全同步,似乎北方驯化得更早一些。比如,河南贾湖遗址、河北磁山遗址都出土有8000年以前的猪骨,其中河南贾湖遗址时间最早,距今接近9000年。根据现有的研究,贾湖遗址出土的猪骨表现出家养的特征,所以,最早在八九千年前,猪已经开始被驯化为家畜。

　　南方浙江跨湖桥遗址出土的猪骨略晚于北方贾湖遗址和磁山遗址，而浙江河姆渡遗址比跨湖桥遗址还要晚一点，后者出土的黑陶钵上刻画的猪有一个长长的吻部，明显是野猪的特征。由此说明，家猪的驯养各地并不是同步进行的，而且说明即使出现了家猪，依然会有狩猎野猪的活动。

河姆渡遗址黑陶钵上刻画的猪

　　这一点从与猪有关的另外一个字"彘"的早期字形中得到证明。商代金文的"彘"字，就是在猪身上有一支贯通背腹的箭，而这头猪短吻圆腹，明显是家猪的形象。家猪当然没有必要通过射猎获取，所以，这个金文字形表达的是家猪驯养时代的狩猎。而"彘"字本义其实就是野猪。

甲骨文 1　　甲骨文 2　　金文 1　　金文 2　　篆　　　隶　　　楷

　　为什么在已有家猪驯化的情况下，古人仍然会把野猪当作狩猎的目标呢？其实这与当时的生态环境有关。从新石器时代到夏商周三代，打猎中比较容易获取的大型动物，除了鹿之外，应该就是野猪。

　　为了说明这个问题，我们再回到造字。古代文献中经常说到逐鹿，说明鹿在狩猎活动中作为主要猎物之一的地位。但逐鹿的"逐"字恰恰与猪有关。"逐"字由一头猪和一只脚组成，以字素而论，则是上面一个"豕"字，下面一个"止"字。所以"逐"的本义是猪在跑，或者是人在追奔跑的猪，这其实是一个狩猎的场面。因为在狩猎中这是一个常见的场面，所以，才用追逐奔跑的猪代表追逐所有的猎物。

甲骨文　金文　篆　　隶　　楷

　　从"彘"和"逐"中，我们看到了古人捕猎野猪的情形，那么，有什么字能够表现出驯养时代人与猪的关系呢？我们选择了这样两个字，一个是"圂"字，一个是"家"字。而想利用这两个字说明人与猪的关系，就牵涉到先周人几次部族的大迁徙。

　　周人的祖先可以追溯到后稷。《史记·周本纪》说："后稷之兴，在陶唐、虞、夏之际。"说明后稷所处的时代纵跨尧、舜、禹，前后差不多几百年甚至上千年。古史传说时代的人物寿命动辄上百年，甚至几百年，这很可能是一个领袖部落的统治时间，而不是指一个人。而像后稷这样纵跨三个时代的人物，显而易见也不应是一个人。

　　最初的后稷，或者说最为著名的后稷应该是舜时代的弃，而后稷的称谓可以理解为当时的农官。"稷"在这里是庄稼的总称，也是一种关于农神的祭祀名称，金文中的字形是把"禾"字旁换作"示"字旁，表示与祭祀有关。而"后"字与"司"字同源，都是一把倒立的"匕"，也就是分餐的大勺子，再加一个"口"字，表示享祭时有权力分饭。倒立的"匕"和下面的"口"字左右方向开始并不固定，后来逐渐用不同的两个字把方向固定下来，向左为"司"，向右为"后"。主持分饭这件事就是"司"，主持分饭这个人就是"后"。由此一来，我们就知道，所谓"后稷"，就是主持农业生产以及农神祭祀的职位。周人的祖先在尧舜禹时代，一直世袭担任这个职位。

甲骨文　　金文　　战国简　　说文古　　篆　　隶　　楷

但这种情况在夏启之后发生了变化，可能是太康失国时期，由于朝纲混乱，管理农业和农神祭祀的职位被废除了。作为后稷的继承者不窋失去了职位，只好带着族人离开了夏朝统治的核心地区，向西北来到了戎狄杂处地区，大约在今天的甘肃东部的庆阳一带，称作北豳。

为什么叫"北豳"？这与先周人下一次大规模迁徙有关。不窋之孙公刘后来为了躲避戎狄的侵扰，率领族人南下，最后在泾河之北安顿下来，把这个地方称作"豳"。因为这里称作"豳"，所以更加靠北的原居住地就称作"北豳"了。居住于豳地的后稷的后人于是就称作豳人。

《诗经·大雅》中有一首长诗叫作《公刘》，记载了这次大规模的迁徙。诗中说，公刘在这里做了非常详细的考察，最后认为这里是一块风水宝地，所以最终选择了这里作为落脚点。这也被后世当作历史上考察风水的最早案例。那么这片土地好在哪里呢？诗中说："度其隰原，彻田为粮。"原来这里非常适合种庄稼。后稷的后人，一直是继承祖业，以种田为生的，所以，土地适合不适合耕种是最重要的选择条件。

既然公刘的部族是一个农业部族，那么，为什么把居住地称作豳呢？

我们来看这个"豳"字，根据现在的字形，一般认为这个"豳"字是"山"字中间夹了两个"豕"字，但从甲骨文和金文等早期的"山"字看，三个山头相连，没有装下两个"豕"字的空间，所以"豳"中的"山"最初表达的应该是分割的空间，也就是栅栏的象形。那么，"豳"的最初含义就是猪圈中养着猪。字形中的两头猪表达的是猪多的含义，所以，"豳"字代表的是规模化养猪。

北朝陶猪喂崽

而养猪与农业的关系非常密切，没有农业的发达，就没有规模化养猪的可能性。关于二者的关系，我们会在下文讲"家"的时候展开。

因为猪与农业的关系，"豳"字成为农业部族的标签。

从公刘算起，豳人在豳地安居乐业差不多有十代，但到了古公亶父时期，因为受到戎狄的侵扰，古公亶父不得不离开故土，率族继续南下，越过漆水、沮水，来到了岐山脚下，结果他在这里惊喜地发现了一大片一望无际的原野。这是一片最适合大规模农业生产的土地，因此他把这里称作周原，而豳人从此称作周人。

这次大迁徙也被记载到《诗经·大雅》中，诗的题目叫作《绵》。诗中说："周原膴膴，堇荼如饴"，"迺疆迺理，迺宣迺亩"。前者是说周原土地肥沃，抓起一把土来尝尝，恨不能都是甜的；后者是说，大片大片的农田可以划分阡陌沟渠，由此周代实行井田制成为可能。

诗中还有一段叙述，前面说"陶复陶穴，未有家室"，后面又说"筑室于兹"，"俾立室家"。对"陶复陶穴"有不同的解读。因为"陶复陶穴，未有家室"描述的是"筑室于兹""俾立室家"之前的状态，所以，说的应该是周人之前在豳居住的情况，而在相当于古豳地理位置的甘肃庆阳，至今还流行窑洞式民居，据说有的窑洞规模庞大，有几百年的历史。"陶复陶穴"的"陶"字右边的"匋"是陶器的"陶"的本字，字形是一个人在用杵捣陶泥。因为陶泥需要挖，所以，"匋"也是"掏"的本字。而古"匋"字通"窑"，而"陶"字左边的"阝"字，是把甲骨文或金文的山丘形立起来，在这里可以代表山崖，所以，"陶复陶穴"的"陶"应该就是在土崖上挖窑洞的意思。"穴"就是窑洞，而"复"是多重窑室、结构复杂的窑洞，目前在庆阳古窑洞中还可以见到。

但从古公亶父率族来到周原以后，开始"筑室于兹"，"俾立室家"，从没有室家变成了有室家。而这个室家的概念应该指的是有顶有高墙体的地面建筑。

不过，周人在豳地的窑洞与三易描述的人类居处演变有所不同，这应该是当时周人对自然环境合理选择而造成的一个特例。新石器时代中后期，绝大多数部族已经来到平地，不再居住隧道式的洞穴，而是居住在平地挖掘的地穴式或者半地穴式建筑，考古发掘也印证这一点。随后人类居住的建筑越来越高，逐渐从半地穴上升为地面建筑，甚至是高台建筑。甲骨文和金文中，有两个字形可以佐证从半地穴房屋到地面建筑的演变过程，一个是"八"字，一个是"介"字。前者隶定为"入"，因为进地穴有一个向下进入的动作，《周易·需卦》上六爻爻辞有"入于穴"，就是进入到穴居房屋的意思，所以"八"是从旁边看地穴式房屋屋顶的样子；而"介"是"庐"的本字，不仅有屋顶，而且有高高的墙体，只是后来"介"被借去作为数字"六"使用，于是又造了一个形声字"盧（庐）"。

这个有顶有墙体的房屋开始成为真正意义上的家。

那么这个"家"字该如何解读呢？"家"从造字伊始直到今字字形，其字素并没有发生变化：一个有顶有墙体的房屋里有一头猪。我们知道，家是人的居住场所，可是在造字之初，古人为什么选择了房子与猪的组合，而不是房子与人的组合呢？

这一不同寻常的思维逻辑，恰恰印证了古人的超级灵感。

甲骨文　金文1　金文2　篆　帛书　隶　楷

房子里有猪至少说明两点：

第一，与牛羊不一样，猪通常需要圈养。所以，养猪需要稳定的住所，如果是四处游牧，就不可以养猪。只有停下来，长久地住在一个地方，才可以有真正意义上的家。

第二，养猪需要饲料，粮食只有有了剩余才使饲养猪成为可能，所以，猪是财富的象征。

因此，家有两个必备的特点，一是定居，二是粮食有了剩余。

定居是农耕文明的重要特征，只有定居，才会产生农耕文明。而粮食有了剩余，才会催生私有财产，有了私有财产，才会有财富的概念，猪在上古时期就是被当作重要的财富象征。私有财产的产生、财富概念的出现，使私有制的形成成为可能；而只有私有制的产生，才会出现家庭的观念。

猪作为财富的象征由来已久。大汶口文化墓葬就有随葬猪的习俗，有整猪、猪头和猪下颌骨等。在大汶口遗址一百多座墓葬中，差不多有三分之一的墓葬有随葬猪的现象，而胶州三里河遗址有一座墓葬随葬猪下颌骨居然多达三十多个，可见，猪下颌骨已经成为当时财富的象征，而且不排除猪下颌骨在一定范围内被当作一般等价物使用的可能，也就是说猪下颌骨很有可能是原始货币之一。可见猪在文明发展进程中的重要地位。

因此，家从形式到内涵，都与猪有不可忽视的密切关系。

大汶口文化猪形鬶

除此之外，猪与历史时期贵族阶层的形成也有关系。尽管随着农耕文明的发达，养猪业也越来越兴盛，而且猪成为人最稳定的肉食来源之一，但对于普通民众来说，猪肉仍然是一种食物中的奢侈品。所以食肉成为贵族阶层的标志之一，也就是文献中所说的"肉食者"。

在青铜时代，鼎本是作为煮肉的炊器使用。由于铜的稀缺和肉类食物的珍贵，这种炊器逐渐变成了一种礼器，最终形成列鼎制度。从天子九鼎、诸侯七鼎、卿大夫五鼎、一般的士三鼎或者一鼎的制度，可以看出只有士以上才可以拥有鼎。因此鼎成为地位和权力的象征，而天子的九鼎成为国家政权的象征，问鼎也就成为觊觎国家政权的委婉说法。

因为这个原因，早期的家，其实代表的是比国低一等的族群建制，至少是士大夫阶层才可以拥有家。天下对应于天子，国对应于诸侯，家对应于士大夫，这是家国天下三层递进关系最初的含义。后来家的概念才逐渐扩大到普通民众。

食肉的特权标志、家的权力含义以及列鼎代表的等级制度，都与猪有关，因此说，历史时期贵族阶层的形成与猪有深刻的关系。在孔子时代之前，只有贵族才有受教育权。而受教育的目的，则是培养个人的礼仪规范意识以及崇高的道德品质，这就是中国古代特有的君子气质。而君子之道，正是中国传统文化中的支柱儒家所提倡的修行目标。从这一角度看，猪还是造就君子理想人格物质层面的基础之一。

以上，我们通过从"圂"到"家"的分析，发掘了猪在中国文明以及中国文化形成中不可忽视的作用。除此之外，中国古代人与猪的关系还有一条主线，即猪神崇拜。

最早可能与猪神崇拜有关的实物是红山文化的玉猪龙。玉猪龙的身体犹如蜷曲的蛇，而吻部则与猪相像。后代龙的形象也多作鼻部上翘，似乎有猪的形象参与。所以，一般认为，远古时期应当存在猪神崇拜，猪也是远古人类的图腾之一。凌家滩出土的大型玉猪或许也与古老的猪神崇拜有关。

汉代时则在墓葬中流行玉握猪。古人认为玉有灵气，或许能呵护死人的灵魂不灭，所以用玉来做放在口中的琀和握在手中的玉握。琀多用蝉的形象，而握多用猪的形象。这种现象或许也是猪神崇拜的遗留。

最为明显的猪神崇拜是关于猪星的崇拜。唐代徐坚《初学记·兽部》引《春秋说题辞》说："斗星时散精为彘，四月生，应天理。""斗星时散精为彘"，倒过来理解，即北斗星原来是猪精所化，所以北斗星就是猪星。所谓"四月生"，不是说猪在每年四月出生，而是指猪

玉握

怀胎四月而生。《大戴礼记·易本命》说："四主时，时主豕，故豕四月而生。"讲明为什么猪是怀胎四月而生。"四"的概念指的是四时，所以"四主时"。那么，这个四时由什么神来主呢？原来是由猪神来主，所以猪是怀胎四月而生。而古人观察四季最简单的办法就是看北斗斗柄的方向，斗柄指东为春，指南为夏，指西为秋，指北为冬。所以天上是北斗主时，于是北斗和猪神合而为一。

唐代郑处诲《明皇杂录·补遗》还讲过佛教密宗创始人之一、唐代著名的天文历法学家僧一行的一段奇闻轶事：一行小的时候家境贫困，邻居中有一位妇人经常接济他，终使他学有所成。后来妇人家的儿子犯了杀头之罪，来求一行帮忙。一行为了报恩，想出一个办法，让他的徒弟们在某一个傍晚在一处废弃的园子里抓到了七头猪，把它们装到瓮中，"覆以木盖，封以六一泥"。结果第二天就有人来上报皇帝，说北斗星不见了。皇帝找到一行，一行趁机请皇帝大赦天下，然后一天放一头猪，七天之后，北斗

七星重新回到了夜空。妇人的儿子也因为皇帝的大赦免于死罪。

北斗七星

那么，为什么一行要"封以六一泥"呢？原来这与古代的五行配五方有关。在河图洛书的十数河图中，阳一配阴六在北，五行属水，猪星为北斗之星，在北方，所以要"封以六一泥"。

因为这个缘故，所以猪与水有关，猪神崇拜又与雨发生了关系。《诗经·渐渐之石》："有豕白蹢，烝涉波矣。月离于毕，俾滂沱矣。"白蹄子的猪涉水、月靠近毕宿，就会出现滂沱大雨。

从上面玉猪龙、玉握猪以及以北斗为猪星的观念透露出来的猪神崇拜情结，是出于古人对猪的哪一方面认知呢？有人认为是出于对野猪凶猛天性的认知。从崇拜情结的原动力来看，这种推测符合用恐惧情绪激发敬畏心的原则。但历史时期的猪神崇拜则应该更多地羼杂了猪的正面意象，比如河姆渡黑陶钵的猪形象，虽然原型来自野猪，但猪身上还刻画了美丽的花纹，分明是一个吉祥图案。玉握猪更是寄托了对富足生活的期望。

以上我们梳理了古代人与猪关系的两条主线，一条主线是猪在中国文明进程中所起的作用，一条主线则是古代的猪神崇拜。

这两条主线既各有脉络，又互相联系。

从第一条主线看，猪是农耕文明的象征，是家庭、私有制产生的催化剂，是中国社会从蒙昧走向文明的推动力之一。从猪作为稳定的肉食来源来看，猪又与历史时期贵族阶层的形成有关，成为建立中国君子文化物质层面的原因之一，从而以独特的方式间接参与了中国古代理想人格的建构过程。

第二条主线则是神格化的猪，给现实世界的人类带来了富足的希望。人类正是为希望而生存和繁衍。

那么，概括起来说，猪在中国文化中的主体意象是丰满的希望！

牛——从家畜到万物

对于一个有几千年历史的农耕民族来说，牛的重要性不言而喻。在孔子著名弟子当中，有两个人的名字与耕、牛有关：一个叫冉耕，字伯牛；一个叫司马耕，字子牛。可见，牛与耕字紧密相关。因此，牛对于农耕民族有强大的存在感，牛被赋予的文化含义自然重要而广泛。

首先，从造字来看，牛从代表六畜，然后到代表所有动物，最后到代表世间万物。而相关的字分别是"牲""牝牡"和"物"，对应关系则为：

牲——家畜　牝牡——所有动物　物——世间万物

我们先从"牲"字说起。"牲"是形声字，"牛"为形符，"生"为声符，但"牛"和"生"放在一起，同样可以视作会意字，即活着的牛。而在实际应用当中，"牲"绝不是指牛一种牲畜，而是可以概括为人类驯化的六畜，比如牲畜、牲口，前者可以涵盖各种家畜，后者则至少可以概括牛、马、骡、驴等可以驮运货物的家畜。

甲骨文　　周甲　　金文　　篆　　隶

那么，这么多牲畜，为什么造字时选择了"牛"字旁呢？其原因就是牛在古代先民生产和生活当中的重要性。

然后是"牝牡"。"牝牡"是一组词，"牝"代表了动物中的雌性，"牡"代表了动物中的雄性。

"牝"中的"匕"，早期应该是一个反向的"人"，古人用阴阳相反的思维模式表示与男人相反的女人。在人，加"女"字旁，也就是后来的"妣"字；在动物，加"牛"字旁，即"牝"字。可见，古代对于人与动物的母性可以共用原本来自人的字符，由此反映出古人在生命层面人与动物的平等意识，而且这种意识多半是来自深层的潜意识。

上面这一组甲骨文的"牝"字，字形非常丰富，"匕"的另一边以牛和羊为主，但还有豕、犬、虎、鹿等动物。为什么在篆字之后固定为左"牛"右"匕"的结构呢？其中或许至少有两个原因：一、在农耕时代，牛对于古人的重要性不言而喻；二、牛的体型更为醒目。

与"牝"字相对应，代表雄性动物的"牡"字，最初的字形是由一只动物和"土"字组成。雄性动物与"土"有什么关系呢？

其实这个"土"字是"且（祖）"的简写，起初描绘的是男性的外生殖器，并由此代表祖先的"祖"字。因此说，这个来自"且（祖）"中的"土"字，与"牝"中的"匕"字一样，也是来自与人有关的字符。

早期的"牡"字同样涉及许多动物，比如家畜中的牛、羊、马、豕，野生动物中的鹿、象等。

与"牝"字同理，篆字以后固定为"牛""土"组合。

由此一来，牛就从牝牡的角度，成为人所能认知的所有动物的代表。

而在牝牡这一对对应关系中，将敬畏心视为人生最高准则的古代中国，对于牝字寄托了更多的情怀。因为牝字对应了大地的母性。

在《周易》坤卦的卦辞中，一开篇有这样一段文字："元亨，利牝马之贞。"与坤卦对应的乾卦的卦辞是："元亨利贞。"而坤卦的卦辞则是在"元亨利贞"的"利贞"两个字之间加了"牝马"

两个字，这两个字可以说加得意味深长：第一，"牝"字强调了坤即大地的生养之性；第二，"马"字则强调了坤即大地的承载功能。也就是说，大地具有生养和承载万物的特性，所以坤卦的《象传》说："地势坤，君子以厚德载物。"

可见，牝代表了母性。由此生发，《老子》一书当中出现了一个"玄牝"的概念。《老子》第六章说："谷神不死，是谓玄牝。玄牝之门，是谓天地根。绵绵若存，用之不勤。"

"谷神"的"谷"，即山谷的"谷"。谷的特点就是虚空。老子认为，道的一个重要特点就是虚空，所以，老子在这里用谷来象征这种虚空。

而"神"是对"谷"的作用的一种描述。"神"字在早期文字当中来源于闪电，也就是说"电"字与"神"字同源。而《周易·系辞》认为，生命的产生来源于阴阳相摩，也就是闪电。《说文解字》对"神"的解读是："引出万物者也。"与《系辞》的解读一脉相承。

因此"谷神"描述的正是道用虚空生出万物的这种特性。"谷神不死"，说的是道生万物而不枯竭。

那么，接下来的"玄牝"又是什么意思呢？"玄牝"的"玄"字，说的是一种幽远或者深不可测、看不清的状态。"牝"，自然指的是雌性，即道的母性特征。所以，"玄牝"侧重的是道的生养功能。

源源不竭的谷神，就叫作生养万物、深不可测的"玄牝"。"谷神不死，是谓玄牝"，意即不死的谷神就叫作"玄牝"。

那么，玄牝到底是什么呢？老子接着说："玄牝之门，是谓天地根。"原来玄牝这扇门是天地之根，也就是说，是玄牝生养了天地。天地是什么？天地就是最大的阴阳。《周易·系辞》说："易有太极，是生两仪。"所谓两仪，就是阴阳，就是天地。《系辞》说：生阴阳、生天地的是太极；老子说：生阴阳、生天地的是玄牝。可见，太极就是玄牝，玄牝就是太极。它是能生出天地、能生出阴阳，也就是从形而上的道的世界生出形而下的器的世界的枢纽或者门户，而玄牝和太极就是这个枢纽或者门户的不同的名字而已。而它表现出来的特性就是："绵绵若存，用之不勤。"即绵绵不断，用之不尽。

由此可见，老子是把"玄牝"的概念上升到了哲学层面。

从神话的角度，"玄牝"可以对应古印度的湿婆之神。在古老的婆罗门教当中，湿婆被奉为生殖之神，世间万物均由湿婆生养。而湿婆恰恰有一个坐骑，叫作南迪，是一头牛的形象。而南迪又是一头公牛，也就是牡牛，正好与老子的玄牝相对，强调的是雄性的生殖功能。

不论是婆罗门教的牡牛，还是老子的玄牝，都用牛象征了万物的生养，因此，牛从以牝牡为代表的动物象征，自然而然地又成为万物的象征。由此生发了与"牛"有关的"物"字。

湿婆坐骑南迪

"物"，由"牛"字和"勿"字构成。

《说文解字》解释"物"字时说："万物也。牛为大物。天地之数，起于牵牛，故从牛。"牵牛是二十八宿之一，《说文解字》认为天地之数以牵牛为起始，所以称万物为"物"，此说比较迂远而牵强，但却有它的文化意义在。而"牛为大物"，则是强调了牛因为体型大而拥有的存在感。

从造字角度来看，"物"的早期字形是一边为"牛"，一边为以耒耜耕地翻起尘土之象，"牛"代表天下有生命之物，耒耜翻起的尘土代表无生命之物，组合在一起涵盖了天下万物。这大约是造字的本义所在。

甲骨文　战国简　篆　隶　楷

甲骨文"物"字，即在"牛"字的另一边有一把耒耜，小点象征翻起的尘土。战国时期的文字有的还可以看出翻起尘土之形，而篆、隶之后"牛"的一边则规范为"勿"。

到此为止，与"牛"相关的"牲""牝牡""物"，就完成了牛对家畜、动物乃至万物的象征。最终的"物"字，按照《说文解字》的理解，其中之一的意象，来自牛体型庞大带来的存在感。

而牛的存在感，还有另外一个佐证，即"牢"字。

牢最初是牛棚、羊圈等圈养牲畜的场所，但或许和普通的牛棚、羊圈有所不同，大概是祭祀前牺牲的临时圈养地。

甲骨文　金文　甲骨文　金文

金文　篆　隶　楷

"牢",在甲骨文和金文当中都有牛和羊的构字,但篆字以后固定为牛。牢的形态是三面为墙体或者栅栏,一面有一条较窄的通道作为出入口。本与通常的房屋不同,但隶定以后,变成"宀",与房屋相同。古时的祭祀有太牢和少牢不同规格的区分,其中太牢使用的牺牲有牛、羊、豕等大型牲畜,而少牢则省去了牛,剩下羊和豕,或许还有鱼等小型祭品。可见有牛则为太牢,无牛则为少牢。而所谓的"太"和"少",本为"大"和"小",也就是说,有牛为大,无牛为小。因此,牛是具有大的含义的。

《说文解字》在解释"物"时,还牵涉到牵牛星宿,认为"物"字之所以"从牛",是因为"天地之数,起于牵牛"。

汉画像石中的牛宿与女宿

牵牛是四象当中北方玄武的七宿之一,即斗牛女虚危室壁中的牛宿。而与牛宿相关的另一座星宿女宿,与牛宿一起演绎了一段凄美的爱情故事,即牛郎织女的民间传说。在女宿和牛宿附近,还有天田、天鸡、天狗等星宿,简直是一幅田园风光图,由此生成一个美丽的传说毫不奇怪。

不过,后来的牛郎织女并不是这两颗星。因为牛宿和女宿与其他二十八星宿一样,都处在黄道附近,星等有限,并不是醒目的天体,尤其是在今天的城市里很难看清,所以,古人又在天上寻找到更为明亮的两颗星:织女一(天琴座 α)与河鼓二(天鹰座

α)。这两颗星视星等都在 1 以下，是极为明亮的恒星，夏秋之际在北半球的夜空中抬头可见。中间又横跨了天河，并与天津四形成夏季大三角。

由此一来，从牛宿、女宿到河鼓二（即后来的牛郎星）、织女一，形成了一个动态的故事：天上的仙女来到人间，与朴实勤劳的牛郎结为夫妻，男耕女织，其乐融融。但后来被天庭发现，把织女抓回天界。牛郎用扁担挑着一对儿女，一路追来，结果一条天河拦阻了去路，永远变成了天河这一边的牛郎星（河鼓二），与河对面的织女从此天各一方。善良的先民不忍把故事说绝，于是就动用想象在七夕那一天，让天下的喜鹊架起一座天桥，让二人在鹊桥上一年一度短暂相会。

夏季大三角

按照《说文解字》所说，牵牛还有一个重要的功能，即起"天地之数"。所谓牵牛，就是把牛牵出来。而牛象征万物，其实也象征生机勃勃的春天，牵出牛来，即牵出万物、牵出春天。因此，牛就成为生命沉寂与生命勃发的大门或枢纽。

在十二地支当中，前三个地支分别为子、丑、寅，子代表隆冬，寅代表初春，中间的丑就是二者之间的衔接，所以丑就成为从冬到春的枢纽。所谓"丑"，就是"纽"的本字。既然"丑"即枢纽，因此对应的十二生肖就是牛。季节到了丑月，则即将开启春天的大门。这与老子的玄牝完美对应。

中国古人热衷于仪式感，开启春天的大门也需要一个重要的仪式，这个仪式就是打春。《东京梦华录》记载："立春前一日，开封府进春牛入禁中鞭春。开封、祥符两县，置春牛于府前。至日绝早，府僚打春，如方州仪。府前左右，百姓卖小春牛，往往花装栏坐，上列百戏人物，春幡雪柳，各相献遗。"

原来所谓"打春"，就是用鞭子象征性地打春牛。春牛是用泥来捏塑，显然与耕牛和土地相关，时间在立春前一日，也就是冬季最后一个节气大寒的最后一天，对应的是丑月的结束，象征春耕的准备工作即将开始。打春仪式由各地政府部门主持，全民参与，犹如过节一般，而且有许多小商贩售卖小春牛等各种纪念品，热闹非凡。

"打春"之后就是一年当中的第一个节气——立春节气，差不多在春节前后。迎接春天的到来之后，很快就进入春耕阶段，农耕民族又开始了新一年的劳作，播种下希望的种子，再一次期盼秋天的丰收。

清代陈枚《耕织图》

关于牛与农耕的关系，还有农神炎帝神农氏形象的设定，如前所述：作为人文始祖的伏羲和女娲，古人设定的形象是人首蛇身，是用蛇来象征生育；而对于神农氏的形象，则设定为人身牛首。

《帝王世纪》说："神农氏，姜姓也。母曰任姒，有乔氏之女，名曰女登，为少典妃。游于华阳，有神农首感女登于尚羊，生炎帝。人身牛首，长于姜水，因以氏焉。"

之所以把炎帝神农氏设定为人身牛首，显然是以牛来象征农耕。

其实最初的农耕，未必有牛的参与。比如甲骨文中的"力"字，就是耒耜的象形，因为使用耒耜需要很大的力量，所以这个字形引申出"力"的含义。耒耜应该是最早的翻土工具，当然也用于春天的耕地，但这个工具显然是用人工来完成的，而完成这项工作的多半是男性，因此，"男"字就是由"力"字和"田"字构成，会意男性用耒耜耕田。

力：　　　　　　　　　男：

　　甲骨文　　金文　　　　甲骨文　　　金文

但后来牛参与到耕田当中，于是可以深耕的犁被发明出来，耕田的效率大大提高，而"犁"字就是由"牛"和"利"字构成。

秦简　　篆

甲骨文和金文尚未发现"犁"字，从云梦秦简和篆字字形来看，最初的"犁"字由"黍"、耒耜之形和"牛"构成，会意通过牛耕而获得庄稼的收成。

从"犁"字出现开始，牛就成为男人耕田不可或缺的最佳搭档。在天长日久的相处当中，古人对牛的感恩之情便在不经意之

敦煌壁画《牛耕图》

间一点点积累，逐渐结下深厚的感情，因此就有了一开篇所说的孔子著名弟子当中的两个人名：冉耕，字伯牛；司马耕，字子牛。

　　当然，以耕牛为名，除了表明人与牛在农田劳作中建立了深厚的感情之外，还寄托了长辈对子女养成美好品格的期许。

　　牛在农田中默默耕耘，辛勤而无怨，贡献巨大而不争功，这与儒家倡导的君子之道相契合，所以修君子之道的人愿意以牛的精神自勉。

　　说到修行，牛参与构字的"牧"字也常常被古人用在修行当中。

甲骨文1　甲骨文2　金文　篆　隶　楷

　　"牧"字一边是"牛"，另一边则是持棍的手，会意赶牛，衍生出管理之义，而君子之道强调的是自我管理。那么，君子应该如何管理呢？《周易·谦卦》初六爻《象传》说："谦谦君子，卑以自牧。"原来君子是用谦卑来自我管理。

　　谦卦的卦象是坤在上，艮在下；坤象征大地，艮象征大山。

山本来高高在上，但却肯把姿态一降再降，降到地面之下，做到了极致的谦卑，由此象征地位高的人最顶级的修行就是把姿态降到地面以下。

对牛的管理是由人来完成，那么自我的管理是由谁来完成的呢？原来最有效的管理者就是自己。古人或许是受"牧"字启发而心生灵感，发明了修行的"修"字。而"修"字的形成，也有一个增形的过程。最初的"修"字没有右下方的"彡"，而是一个"攸"字。比如《尚书·洪范》中讲到的"五福"之一，就是"攸好德"，而所谓的"攸好德"，其实就是"修好德"。

对比一下最初的"牧"字和"攸"字，我们可以看出："牧"是手持木棍敲打牛，原始义项为管理动物；而"攸"是手持木棍敲打人，意为管理人，作为"修"的本字，多指的是自我管理。

甲骨文　金文1　金文2　篆　帛书　隶　楷

甲骨文的"攸"基本是"人"和"攴"的组合，而金文在"人"和"攴"之间加了一道水。从增加的水符倒推，说明用手持棍敲打的不是人体本身，而是敲打身上的灰尘。如果感觉还敲打不干净，就用水洗。所以，"攸"的本义应该是自我除尘、自我清洗乃至自我修饰。当"攸"字被借夫作"生死攸关"的"攸"的义项之后，另创加了三个撇的"修"字，与本字相比，强调了修饰的含义。

在中国古代士人阶层，修行是第一要务。古人把人生看作修行的道场，修行从成人礼开始，贯串了人的一生。通常情况下，以儒家为代表，往往是把社会当作修行场所，强调在生活中、在与人相处中修行，其实六祖惠能之后的大乘佛教也有这样的主张。但修行还有一种状态，即以出世的方式修行。这种修行方式，有时也与牛相关。比如老子骑牛、牧童放牛等。

明代张路
《老子骑牛图》

传说老子在过函谷关时，应关令尹喜的请求，写下了五千言的《道德经》，然后骑着青牛西去，于是就有了后世许多画家所绘的老子骑牛图。有人认为，青牛象征自然之道，那么，老子骑青牛，就象征了老子顺道而为。

而牧童的形象，则是归隐田园的一种独特的象征。这在古人的诗作中可以屡屡见到，比如"借问酒家何处有，牧童遥指杏花村""牧童归去横牛背，短笛无腔信口吹""野老念牧童，倚杖候荆扉"等。诗人借牧童的形象，寄托了对恬淡、自然的田园生活的向往或眷恋。

宋代李唐《乳牛图》

　　说到牧牛和牵牛，就牵涉到人对牛的役使。而人要实现对牛、马等家畜的役使，就需要对其施加束缚的手段，这就是《庄子·秋水》里所说的络马首、穿牛鼻。也许古人对这些手段习以为常而并不为意，但有人却站在更高的视角发现了其中的问题，如庄子借北海若之口所说："牛马四足，是谓天；落（络）马首，穿牛鼻，是谓人。故曰：无以人灭天。"

　　牛马包括四足在内的身体是天性使然，与生俱来，而一旦加上了人为因素：络马首、穿牛鼻，就变成了对天性的灭绝，是"人灭天"。这种人为束缚带来的困窘，站在庄子的高度上是可以感同身受的，所以老庄对此持反对的态度。其实，人何尝不是被物欲所络首、穿鼻而身受驱役，不得自由？老庄的感同身受或许正是来自人自身被役使的共情。因为这个缘故，才出现了儒家所提倡的"存天理，灭人欲"，看来儒释道在这一点上都有一个共同的高维视角。这种思考，同样是牛带给我们人类的福利。

　　总体来说，因为牛在农耕民族生产和生活当中的重要性，人与牛之间建立了不可替代的深厚的情感，而牛强大的体魄与自然之性，又给古人以遐想，由此生发了与牛相关的许多重要且广泛的文化属性：牛从牺畜开始代表了所有动物，并最终代表世间万物；牛还与天地的生养属性相契合，并对人间的修行提供了关键性的启示。古人因此而在内心深处埋藏了对牛的无限感恩之情。

　　牛，总是在默默耕耘着人类的希望。

羊——跟随天道的脚步

　　远古时期六畜的驯化顺序或许是个永远的谜，但驯化的难度顺序却是一个可以探讨的话题。虽然野生动物的驯化都会有一个漫长而艰难的历程，但从六畜的特点来看，恐怕最容易驯化的动物应该就是羊。

　　羊在六畜当中与牛为一组，这在古人造字当中也有所反映。

　　商代族徽式的"牛"和"羊"，基本上是简笔画，"牛"是一个牛头的形象，"羊"是一个羊头的形象，另外"羊"还有全形的象形。

北朝陶卧羊

牛　　　　　　羊

　　因为甲骨文是线条文字，所以必须对象形做简化。简化之后，"牛""羊"两字的下半部分几乎无法分辨，为了区别起见，就需要抓住牛羊各自的特征。牛和羊与其他六畜的区别是二者有角，而其他四种动物没有角，所以造字时就可以选择用角来标志牛、羊的特征。而牛和羊之间又如何区别呢？通过观察，古人发现二者最大的区别在于双角的方向不同：牛角内敛，羊角外翻。古人在造字时就把字形中上部分画成角形，方向是一个往里收，一个往外撇，由此一来，哪一个是"牛"字，哪一个是"羊"字，就一目了然了。

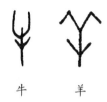

牛   羊

按照习惯性思维的理解，内敛者含蓄，外撇者开放，似乎前者更好管理，后者难以驾驭。但事实并非如此，从性格特征来说，双角内敛的牛更倔强，双角外撇的羊则温顺得多，所以二者性格的特征恰好与双角的方向相反。

羊角外撇

因为敬畏心被中国古人奉为第一智慧，而顺势而为也是敬畏心的一种诠释，所以，羊所衍生的文化含义受到了古人极大的推崇，羊由此成为人类最高境界的象征。

首先，羊是吉祥的象征。

最初吉祥的"祥"字可以不加偏旁，直接写作"羊"字，表达就是吉祥的"祥"。而全形的"祥"字，就是在"羊"的旁边加一个表示祭祀高台的"示"字，表达的是通过祈祷获得像羊一样美好的结果。这个像羊一样美好的结果，其实就是由羊的性格生发的顺的含义。

甲骨文1　甲骨文2　篆　　隶1　　隶2　　楷

在十二消息卦与十二地支的对应当中，第三卦的泰卦与寅对应。从十二消息卦复卦的一阳始生开始，中间经过临卦的二阳，到泰卦时阳爻上升到第三爻。虽然此时是阴阳均等，但阳爻处于上升趋势，而阴爻处于消退趋势，对应的时节恰好是初春的寅月，这是一个万物复苏、万象更新的时节，是阳气顺应自然之道的一种显现，所以一切突出了一个"顺"字。正因为如此，本来是表达增加为三根阳爻这种局面的三阳开泰，也常常被称作"三羊开泰"，用的正是羊作为顺天之道象征的文化含义。

在《周易》当中，乾坤各有其特性。乾道的特征是刚健自主，对应于天，所以乾卦的《象传》说："天行健，君子以自强不息。"而坤道恰好相反，坤道的特征是顺从于天，对应于地，正如老子所说"地法天"，所以坤卦的卦辞有"先迷，后得主利"，意思是：不要走在前面，不要做主，不然一定会迷惑而不知所从，只有跟在后面才会得到来自主也就是天的好处。因为坤与乾对应，是处于顺从的地位。所以，如果不肯安于坤位，上升到顶，与乾争位，就变成上六爻描绘的场面："龙战于野，其血玄黄。"

相传古有三易，分别是夏朝的《连山》、商朝的《归藏》，以及周朝的《周易》。归结起来，《连山》为山易，《归藏》为地易，《周易》为天易，因此山易以代表山的艮卦为首卦，地易以代表地的坤卦为首卦，天易则以代表天的乾卦为首卦。中间的商代既然崇尚《归藏》，而归藏又对应于坤，对应于地，因此商朝尤其强调顺的重要性。有人认为，老子对《周易》坤道的发挥，或者正是来自商代对《归藏》的遵循。

商代四羊方尊

《老子》虽然开篇就讲到道，但整篇的宗旨所在，却在于顺势而为。而对于顺势而为的表达，《老子》中有两种表现方式，一种是"无为"，一种是"善"。

关于"无为"的讨论，我们放在了关于象的章节，在这里重点讲"善"字。

"善"，就是我们所要展开的羊的第二个象征意义。

"善"在《老子》当中，是一个重要的概念。《老子》五千言，其中"善"字出现了五十多次，占了全文的1%。一个字占一本书的1%，这个比例还是非常高的。

老子阐述"善"，集中在《老子》第八章，是从我们熟悉的"上善若水"开始讲起的。老子说：

> 上善若水。水善利万物而不争，处众人之所恶，故几于道。居善地，心善渊，与善仁，言善信，正善治，事善能，动善时。夫唯不争，故无尤。

那么，"善"字应该怎样理解呢？我们还是回到"善"的造字中来分析"善"的初始含义。以金文为例，金文的"善"字由一个"羊"字和两个"言"字组成。其中，"羊"是主体。

金文　篆1　篆2　隶　楷

正如前文所说，"羊"在古代中国的文化属性来自"羊"的特性。"羊"与其他的牲畜相比，最大的特点就是温顺。古人认为，凡事只有顺势而为，才会有一个好的结果。所以，"羊"就成为吉祥的"祥"的本字。

而"善"字，是在"羊"的下面加上了两个"言"字，表达了这样两层含义：第一，这个吉祥或者顺从，是表达出来的，不是隐性的，而是显性的，所以用了"言"字；第二，因为是加了两个"言"字，所以就不是一个人所认为的吉祥或者顺从，而是大家普遍认为的吉祥和顺从，也就是带有普适价值观的吉祥或顺从。

那么，在《老子》当中，"善"所顺从的是什么呢？毫无疑问，《老子》当中的"善"，顺从的是道，是天道、地道、人道。

所以，从根本上说，《老子》当中所说的"上善"就是顺从于道。

那么顺从于道的这种至高境界，我们平时看到的，有什么现象最具有代表性呢？这就是水，水的流动最具有顺的代表性。

水的天性是趋下，由高向低，顺势而流。除非强加外力，水绝不会从低处往高处流。所以，老子说："上善若水。"最高境界的"善"，就像水一样，顺势而流，绝不会逆势而上。

水还有什么品格呢？首先是"水善利万物而不争"。我们现代

上善若水

的人都知道，生命世界是离不开水的，如果没有水就不会有生命。所以，天文学家探索地外生命，首先要看那个星球有没有液态水。水对于生命世界如此至关重要，但水依然不会高高在上，所以，老子说它"善利万物而不争"。

不仅"不争"，而且"处众人之所恶"。水所处的地方，往往是大家都不喜欢的地方，都不愿意去的地方。从人的角度来说，往往都不喜欢处在低的位置，都愿意往高处走。

而老子却与普通人的思维模式完全相反，老子认为，人往高处走，实际上是与道背道而驰。而水"处众人之所恶"，才是接近于道。所以，老子说："处众人之所恶，故几于道。""几于道"，就是接近于道。

顺势而不逆势，处下而不处高，示弱而不示强，这就是"善"。而"善"的功用是什么呢？老子说："夫唯不争，故无尤。""无尤"就幸福，"无尤"就快乐，而幸福和快乐正是人生的终极追求。

由羊到善，由善到水，以老子为代表的古代先贤其实已经为我们找到了通往幸福之路，可惜的是现代人因为践行功夫的欠缺，没有多少人会选择相信先贤的智慧。

羊的第三个重要的象征意义是美。

按照《说文解字》的理解，"美"的本义是指美味。《说文解字》说："甘也。从羊从大。羊在六畜主给膳也。美与善同意。""美"是"羊"和"大"的组合，意为大块的羊肉为美味。

甲骨文　金文　篆　　隶　　楷

甲骨文、金文都是"羊"和"大"的组合，看起来像个顶着羊头的人。隶书当中也有把下面"大"字中的一横写作左右两个点的字形。

按照《说文解字》的说法，"羊"和"大"的组合会意羊大为美，所以可以把"美"解读为美味；但从甲骨文和金文的字形来看，还可以理解为一个人头上戴着像羊头一样的头饰，会意人的装饰之美，甚至还有人认为上面部分未必是羊，而是一种类似羽翎的装饰物，所以美的初义是形象美，而非食物之美。

从造字表意的角度来看，后者的解读似更妥当，因为羊作为食物美味与否应当与羊的大小无关。所以，美的本义应该是指羊饰品之美，而非味道之美。

不过，与味道之美有关的还另有其字，比如"羞""膳""鲜""养"等字，都与美味有关，其中的主干字素仍然是"羊"。

"羞"字最初的字形是以手持羊。这个羊并非指一头羊，而是羊肉的意思，而且是煮熟的羊肉。以手持煮熟的羊肉，目的是祭祀的时候进献给神灵或祖先，而进献给神灵和祖先的一定是美味。

由此"羞"字派生出两个主要义项：一、进献；二、美味。

甲骨文   金文1   金文2   篆   隶   楷

甲骨文、金文的"羞"字就是以手持羊，从篆字以后，因为手和羊的下半部有重叠，所以，下面这只手逐渐演变为"丑"。而"丑"字也是手的一种形态，通常情况下，"丑"是有指爪的手。

"羞"字进献的含义在金文中衍生为进的义项，而在美味的含义上，为区别起见，加上了"食"的偏旁，即"馐"字，换句话说，"羞"为"馐"的本字。

"馐"可以笼统地指代美味，具体而言，羊肉的美味还可以有一种确指——鲜。"鲜"字由"鱼"和"羊"构成，从而会意类似鱼和羊的美味呈现在味蕾上的感觉。

金文   秦简   篆   隶

金文多作上下结构，上"羊"下"鱼"；秦简之后则多为左右结构，左"鱼"右"羊"。鱼的味道常常被称作"鲜"，羊的味道则是另外一种"鲜"。不过，《说文解字》认为，"鲜"字中的"羊"，是"羴"的省形，即"鲜"本应是"鱼"和"羴"的组合。

"羴"，从字形看，可以确定是表达羊的味道，现在一般写作"膻"。而这个"羴"未必就是一种好的味道，《说文解字》说："羴，羊臭也。"只有处理好"羊臭"（即羊的气味），才能把"羴"

变成"鲜"。不过,我们从金文和秦简的字形来看,"鲜"字未必是使用了"鱻"的省形。

甲骨文　　金文　楚简　　　隶

羊肉除了有由"羞""鲜"等表达的美味之外,还以滋补品而著称,因此"羊"成为"养(養)"字构字的要素。"養"字上"羊"下"食",会意以羊为养(養)。"养"字在中国文化语境中颇有深意,首先,它有一个平缓的积淀过程,不是立即起效的;其次,它是对于生命活力底层的建构和助力,而且不仅限于生命,比如养心、养性,都是一种上升到精神层面的底层建构和助力。这也许还与羊温和柔顺的文化含义相关。

甲骨文　　金文　秦简　篆　　　隶

在《说文解字》当中,还收了一个"养"的古字"羖",这个字形从甲骨文、金文当中都可以找到对应的字形,但初义未必是"养"。

从食物营养的角度,与羊相关的还有一个"膳"字。我们今天常用的"膳食"两个字,最初或许是两种不同食物的合称。"膳"字由"肉"字和"善"字构成,虽然是形声字,但亦可会意善之肉,所以,膳最初指的肉类食物;而"食"字甲骨文和金文是由悬于上的口与簋中有食物之形构成,簋是盛饭食的餐具,所以"食"的本义是指粮食类食物。从造字看，"膳"主指肉食，"食"主指粮食类素食，因此膳食可以涵盖所有的食物。

膳：　金文　篆　　　食：　甲骨文　金文　篆

人因为有膳食而得到营养，因此膳食不仅可以为人类提供美味，而且还可以保障美好的生活。人的幸福感，一定有高质量的膳食参与，所以，"膳"也是一种美。

"羊"所参与的与美、善、吉祥相关联的造字还有"义（義）"字，我们可以把它作为羊的第四个重要的象征意义。

"義"由"羊"和"我"组成，"羊"是祭祀用品，"我"是一种带锯齿的刀具，用于切割祭品。以"我"割羊，成就祭祀的礼仪，所以"義"是"仪（儀）"的本字。

汉代鎏金羊铜灯

"仪（儀）"从祭祀礼仪之义，进一步衍生出法度义。有法度则适宜，因此"仪（儀）"又通"宜"。因此，徐铉解释"義"时说："此与善同意，故从羊。"

甲骨文1　甲骨文2　金文　篆　隶1　隶2

"义（義）"在儒家学说中是一个至关重要的概念，后世士人往往以"义（義）"为一生追求的最高目标，甚至不惜献出自己的生命，正如孟子所说的"舍生取义"。这与羊参与牺牲，为礼仪而献出自己的生命有异曲同工之义。在这层含义上，还有"羲"和"犧"的进一步延展。

羲：
　　甲骨文　金文　篆　隶　楷1　楷2

犧：
　　战国简　篆　隶　楷

"羲"比"義"多了一个"兮"字，是"義"和"兮"的合体。因为"兮"字会意的是发出气息，所以与生命有关。关于"羲"字，我们在讲到伏羲的章节时已有过展开，在此不再赘述。而由"羲"到"犧"，又回到了与祭祀的关联，只是这一次不仅有羊，而且多了一个"牛"字。最初的"犠"字或许是"犠",后来增形作"犠"。而"犠"和"義"字本应同义,只是一个繁复一些,有牛有羊;一个简单一些,只有羊而没有牛。由此,我们可以推论出"犠牲"本作"義牲"。因此,"義牲"当是"犠牲"的本义,"犠牲"于是被赋予为"義"而献身的文化含义。这一层含义至今仍在使用。

羊,除了上述的几个重要的文化象征意义,在造字之外还有一些附加的文化象征意义,比如象征财富、象征神仙境界、象征孝文化等。

在《周易·大壮卦》的爻辞当中,多次讲到了羊,其中六五爻的爻辞有"丧羊于易",意思是羊丢失在边境线上。这里的丢失羊,意味着财富的失去,并由财富的失去象征大好局面的失去。因为大壮卦从下往上,第一爻至第四爻都是阳爻相叠,但六五以后变成阴爻。阴虚阳实,所以阳象征有,阴象征失去,在阴阳的边界上而失去财富,象征好的趋势被反转。

至于羊与神仙境界扯上关系,主要来自成都青羊宫。关于青羊宫的来历,有两段记载。《西川青羊宫碑铭》说:"太清仙伯敕青帝之童,化羊于蜀国。"《蜀王本纪》说:"老子为关令尹喜著《道德经》,临别曰:'子行道千日后,于成都青羊肆寻吾。'今为青羊观是也。"羊之所以是青羊,因为是青帝之童所化。而之所以成为道教的重要场所,则是因为这里是老子与关令尹喜修仙后的联络点。

关于孝文化,则与儒家相关。《春秋繁露·执贽》说:"羔食于其母,必跪而受之,类知礼者;故羊之为言犹祥与,故卿以为贽。"这是由羊羔吃奶时的姿态生发的孝文化含义。羊羔吃奶时采用的是跪姿，所以被古人赋予感恩的文化寓意。甚至《春秋繁露》的作者认为，羊的吉祥义，正是来自羊羔跪乳的感恩孝行。人如果想获得吉祥，就需要懂得感恩，懂得孝行。倒推过来说，一个懂得感恩的有孝心的人，总是会遇到吉祥。

回到造字的角度，羊还与古老民族的起源相关，最典型的就是"羌"和"姜"字。

羌是中国一个古老的民族，早在甲骨文当中就可以经常看见。那么，羌应该是一个什么民族呢？从造字当中，我们就可以看出端倪。

从字形上看，"羌"字通常是上"羊"下"人"，可见本义是牧羊人，古代指活跃于中原西部的牧羊民族。从甲骨卜辞中可以看出，殷商王朝经常和羌之间发生战争，这种情况持续到后来的周朝。中原王朝经常用俘虏的羌人作为祭祀和殉葬的牺牲，等同于牛、羊等家畜，这就是三代时期残酷的人牲、人殉制度。

甲骨文1　甲骨文2　金文1　金文2　篆　　隶　　楷

甲骨文、金文都有两种字形，甲骨文2和金文2多了一个"糸"字，可能表达的是族系。古羌族应该是一个外延极大的概念，后来或许有许多的分化。一部分留在中原地区的西方，成为许多少数民族的祖先；还有一部分进入到华夏族的核心区，融入了中原血统。这一部分人或许就是姜姓的祖先。

羊群

　　"姜"与"羌"字相近，只是把下面的"人"换成"女"字。在甲骨文当中，许多构字都有把"人"换成"女"的情况。仅按照字形理解，如果"羌"字是牧羊人，那么"姜"字就是牧羊女。其实，"姜"是古姓之一，早期的姓常常以"女"字为偏旁，这可能是母系社会遗留的痕迹。直到春秋战国，男人多称氏，女人多称姓，由此可以避免同姓结婚。《说文解字》认为"姜"为形声字，"羊"为声符。但"羊""女"的组合，当与牧羊部族的女性有关，古姜水应该就在羌人的活动范围之内。

甲骨文　　金文　　篆　　　隶　　　　隶

　　甲骨文中"羊""女"的组合可以是上下结构，也可以是左右结构，此后则基本固定为上下结构。

　　关于姜姓，根据记载，最早的祖先就是炎帝。有人认为炎帝就是神农，而在炎帝与黄帝的战争之后，炎黄成为华夏民族共同的祖先。因此说，古羌族也是华夏民族最为重要的来源之一。从这个角度来看，中国的农耕民族其中重要的一支很可能来源于古游牧民族。在近中原地区，二者的融合发生得很早。

到这里，我们可以看出羊对于华夏民族文化基因建构的重要性，它渗透到我们生活的方方面面。而其中最关键的文化含义，就是顺。顺，蕴含着中国人对宇宙和人生的认识，蕴含着诸如敬畏、感恩等顶级智慧，因此，羊在中国传统文化的终极文化含义就成了顺随天道。

马——寄托自由梦想的驰骋

说起交通，现代人脑海里浮现的往往是汽车、铁路、飞机、轮船等，但在古代，人们首先想到的，是一种寄托了古人对速度想象象极限的动物——马。

自从马被驯化、成为人类最亲密的伙伴之一后，只要说到运输、旅行甚至战争，就会有马的形象出现。

对于农耕民族来说，马最初的运用，与车紧密相关。换句话说，没有马，也就没有车的出现。最初"车"字的构字可以完美地解释这一点。

我们今天看到的这个"车（車）"字，是由早期的全形象形字不断简化而来。《说文解字》说："车，舆轮之总名。夏后时奚仲所造。象形。"

甲骨文1　甲骨文2　　金文1　　金文2　　金文3　　金文4　　篆

甲骨文、金文中有许多全形的象形字，以金文1、金文2为例，前面有衡，衡上两边各有一个固定牲畜的"人"字形轭，中间是与衡呈九十度夹角的辕纵贯全车，后部中间为车舆，是载人的地方，两边各有一个车轮，车轮外侧有固定车轮的车辖。车轮为散点透视，虽为俯视图，但依然可以看见车轮的原形。而金文 3 的车轮则变为焦点透视，车舆两边的车轮变成实际视觉效果的两道横杠，当然，这个字形也可以理解为省略了车轮而以车辖代替车轮的省形。不管出于哪一种理解，"车（車）"字因此得到了简化，而金文 4 在此基础上省略了衡、辕部分，由此开启了今字的字形。

从对"车（車）"字演变的追溯当中，我们可以看出，最初全形的象形字，显示出一个重要的部件——衡，衡的两边各有一个"人"字形轭，而这个轭就是套在马颈用来控制马的部件。因此，如果没有马，也就没有车（車）。

从最初"车（車）"的字形来看，衡的两边各有一个轭，那么这辆就是由两匹马来驾驭的，而实际上，在古代驾驭一辆车，可以是一匹马，也可以是两匹马、三匹马乃至四匹马。

最初指代一匹马的字很可能是"骑"。"骑"字由"马"和"奇"构成，"奇"虽然在这里是形声字的声符，但同时具有含义，这个含义就是单数的意思。《说文解字》解释"奇"字时说："一曰不耦。"两人耕地为耦，因此在二的含义上"耦"当是"偶"的本字。所谓"不耦"，即不是二，不是二则为一。由此推测，一马为"骑"。不过，"骑"字从历代字书中我们所能追溯到的含义是一人一马，从农耕文明来讲，那是赵武灵王胡服骑射之后的事了。

而从二马驾车到三马、四马驾车，我们就可以确切找到对应的汉字了。

首先是二马驾车，这个字就是"骈"。"骈"字由"马"和"并"字组成，"并"最初有两个字形的来历，一是两个侧身并列的人用一道横杠或者两道横杠连起来，一是两个正面并列站立的人，均表示两个人并列的含义。

甲骨文1　甲骨文2　金文　篆　帛书　隶　楷

甲骨文　金文1　金文1　篆　帛书　隶　楷1　楷2

　　上面的两行字形，第一行是"并"字的演变，甲骨文是两个侧面的人，腿上有的有一道横线，有的有两道横线。金文和篆字固定为两道横线。隶变之后，人的上半部分逐渐变形为两个点儿，发展为今字字形。

　　第二行为"並"字的演变，从甲骨文、金文到篆字都是两个正面的人并列站在一条线之上，但篆字脚下的线或作间断。隶变之后，人形发生变化，变成两个"立"字并列的"竝"字，两个"立"合并起来的则可以简化为"並"字。

　　而"骈"字是由第一个字形与"马"字的组合，那么，在这里，两个人就变成了两匹马。古人毫不吝啬地把由人变化来的字形用在马的身上，说明人与马之间并不存在不可逾越的界限。

　　或许在甲骨文时代，两匹马驾辕是一种常态，当然也可能是为书写方便的一种省略，所以最初的"车（車）"字有两个轭。

　　其次是三马驾车，这个字就是"骖"字。"骖"字由"马"字和"参"字构成，也是一个形声兼会意的字形。

　　"参（參）"现在分化为三个读音，分别为申、三和掺。这三个读音的义项相互关联，第一读音最初为参宿专用，第二个读音为数字三，第三个读音意为参与。

　　参宿是二十八星宿之一，出现在冬季的南天，由七颗星组成，对应的星座是猎户星座，整体像一个中间窄两头宽的线轴，中间的窄腰由并列的三颗星组成，虽然这三颗星不是参宿最亮的星，但参宿的得名，正是因为这三颗特征鲜明的星。因此，"参"的造字是一个人头上顶着三颗星，意为我们头顶上的天空三星并列的星宿就是参宿。因为参宿的特征是三星并列，所以就衍生了"三"的含义，在"三"的含义上有时写作"叁"。而"三"为二之间加了第三者，因此衍生出参与的含义。

金文1　金文2　金文3　篆1　篆2　隶　　楷1　　楷2

金文1为商代金文，是一个跪着的人头顶三颗星，从金文2开始不仅有人和星，而且还有星光闪耀的三个撇。篆字沿用三个撇的字形，而隶变之后，三颗星星简化为三个"厶"字。

从造字来看，显而易见，"参"字来自天上的参宿，参宿的得名来自参宿中间三颗并齐的星，因此在古代"参""三"同义，那么，"骖"就是三匹马的意思。后来则指辕两边的马，也就是说，驾车的马都可以称作"骖"，而不再单指三马驾车，比如屈原的《国殇》中说："左骖殪兮右刃伤。"

而《诗经》中说："载骖载驷，君子所届。"诗中不但有"骖"，而且有"驷"。"骖"指的是三匹马驾车，同理，"驷"指的就是四匹马驾车。而四马驾车，是兵车的一种常规配置，即四马驾一车，就是一乘。而乘是古代兵车的量词，所谓千乘之国、万乘之国，都是指兵车的数量，并以兵车的数量来作为军事实力的象征。

由此可见，一辆车可以由一马驾驭，也可以由二马、三马乃至四马驾驭，分别对应的字为"骑""骈""骖""驷"。而根据文献记载，一辆车最多的应该是六马驾驭，不过这种规格仅限于天子。

因为古代第一交通工具甚至第一战争设备为马车，所以驾驭技术就成为古代士人必须学会的技能。在孔子所处的时代，有六种必须学习的技能，即所谓的"六艺"，分别是礼、乐、射、御、书、数，其中的御就是驾车技术。在古代学习驾车要比现代人考驾照重要得多，因为出行需要驾车，战争需要驾车。一个士人阶层的男子如果不会驾车，就无法立足于社会。

到了战国时代，因为在与北方少数民族的摩擦中，与对方骑兵相比，中原地区的兵车缺乏机动性的缺点被无限放大。鉴于这种情况，赵武灵王顶着巨大的压力推行胡服骑射，中原地区的骑兵开始出现。除了兵车，增加了一人一骑灵活机动的骑兵，中原诸国的兵种更为丰富。

此后很长一段历史时期，兵车与骑兵并存。比如在秦始皇陵兵马俑当中，既有兵车方阵，也有骑兵。遗址一号坑就是一个以车兵为主体、由车兵和步兵组成的联合方阵，而复原的两部铜车马更能展现出当时兵车的原貌，均为四马驾车。二号坑则出土了一批骑兵俑及陶马，陶马有一百多匹，每匹马前立有牵马的骑兵俑一个。骑兵俑手牵马缰，一人一骑。骑兵俑与陶马和实际的人与马比例相当，形象逼真，栩栩如生。四匹马一组，三组一列，组成整齐的骑兵方阵，应是真实骑兵方阵的再现。

骑兵出现以后，伴随而来的是骑兵对坐骑的依赖，而这种依赖促成骑兵对马伙伴式情感的提升，尤其曾经一起经历过生死考验的主人与战马，二者之间的深厚感情是他人所无法想象和理解的。

唐太宗李世民的昭陵六骏就是其中的典型事例。唐太宗李世民在做了皇帝之后，曾经有过两次大规模的立像活动：一次是贞

兵马俑中的牵马俑

观十年（636）为他的骏马雕造石刻，一次是贞观十七年（643）为功勋大臣在凌烟阁画二十四功臣像。

其中的骏马石刻就是著名的昭陵六骏大型浮雕，纪念的是曾经陪伴他南征北战的六匹骏马，分别是"拳毛䯄""什伐赤""白蹄乌""特勒骠""青骓""飒露紫"。这六匹骏马的浮雕作品历尽沧桑，至今犹存，其中的"飒露紫"和"拳毛䯄"20世纪初被盗，流失海外，如今藏于美国宾夕法尼亚大学博物馆。

这六幅作品，寄托了李世民对这六匹骏马深切的感恩。其中的每一匹都有过令人震撼的传奇，甚至于救过李世民的性命，比如流失海外的"飒露紫"和"拳毛䯄"。

飒露紫

拳毛䯄

据《旧唐书》记载，李世民在与王世充的一次交战中，和随从将士失散，只有丘行恭一人跟随。王世充率骑兵紧紧追赶主臣二人，把他们逼到了一条长堤之前，并一箭射中了李世民的坐骑"飒露紫"。被逼入绝境的大将军丘行恭急转马头，向敌军射箭，压住敌军进攻的势头，然后翻身下马，把自己的坐骑让给李世民，一手牵着受伤的"飒露紫"，一手持刀，竟然与李世民一起杀出重围。回到营地，丘行恭为"飒露紫"拔出胸前的箭之后，"飒露紫"轰然倒下。因此六骏之中，只有"飒露紫"浮雕是有人有马，刻画的正是丘行恭为"飒露紫"拔箭的瞬间。

"拳毛䯄"则是在随李世民征讨河北窦建德的战争中负伤身亡。武德四年（621）十二月，李世民奉命出征讨伐叛唐的窦建德。在一次与窦建德部下刘黑闼的决战当中，李世民的坐骑"拳毛䯄"身中九箭，战死阵前。

可见这六匹骏马，对于唐太宗李世民而言，都是与他出生入死的战友，都是为他献出了生命，因此李世民从心底对这几匹战马充满了感恩与怀念。耐人寻味的是，同样是对打江山功勋的褒奖，昭陵六骏与凌烟阁二十四功臣像还是有所差别的。从时间上看，昭陵六骏造像是在贞观十年，凌烟阁二十四功臣画像是在贞观十七年，后者晚了七年；从材质上看，昭陵六骏是石刻浮雕，凌烟阁二十四功臣像则是由画家所画，理论上说，石刻雕像可以传之久远，而画像的寿命则相对有限；从位置上看，昭陵六骏陪葬皇帝陵，地位崇高，而凌烟阁则是较为普通的建筑，规格与皇帝陵不可同日而语。

那么，是不是说李世民认为马的地位比人要高呢？其实并非如此，二者之所以有此区别，与个人情感有关。昭陵六骏曾经是与李世民在战场上合为一体的生命，二者的生命互相关联，而且这些骏马多次挽救李世民的性命，可以说是一次次用马的生命换回了李世民的生命，这份情感是难以摆脱的。因此，或许在李世民看来，那些开国功勋与陪伴他出生入死的战马同样不可忘记，就像内衣和长衫同样不可缺少，但内衣更贴身而已。

在历代皇帝当中，对马有特别偏好的还有汉武帝。为了得到西域宝马，汉武帝甚至不惜发动战争。

汉代初年，汉高祖刘邦凭借常年征战的经验，亲自统帅大军，准备一举击溃匈奴，解决多年以来的边患。但匈奴实力的强大远远超出刘邦的想象，汉朝大军被围困在白登山，刘邦本人差一点就成了匈奴人的俘虏。好在经过陈平的斡旋，匈奴人放了刘邦一条生路。为了保边境的平安，刘邦不得不接受了刘敬的建议，与匈奴和亲，用嫁公主的方式赢得了一段时间的和平。

但到汉武帝时期，由于文景之治的积累，汉朝的国势已经非常强大，因此年轻气盛的汉武帝开始着手战争计划，准备联合西域的大月氏夹击匈奴，改和亲为军事打击，于是有了张骞出使西域。

十几年后，第一次出使西域的张骞回到长安。虽然没有最终达成与大月氏的联合计划，但却开辟了著名的丝绸之路。不仅如此，张骞还带回了被称作汗血宝马的大宛马的信息。从此，获得大宛马就成为汉武帝挥之不去的梦想。

元鼎年间（前116—前111），一个被流放到敦煌的囚犯获得了一匹汗血宝马，并把它献给了汉武帝。终得圆梦的汉武帝喜出望外，把这匹马称作"天马"，据说还做了一首《天马歌》。这次意外所获，更加坚定了汉武帝大量获取宝马的决心，他别出心裁铸了一匹金马，让使者带着大量的财宝和金马出使大宛，希望换取他心仪的宝马。

但让他万万没有想到的是大宛国拒绝了他的请求，而且在使团离开大宛之后，大宛国居然出兵袭击了汉朝使节，夺走了金马。汉武帝一怒之下，派李广利率领大军远征大宛，经过第一次的挫折之后，在援兵的帮助下，汉军终于打败了大宛的军队，迫使大

郎世宁画大宛马

宛臣服汉朝，并终于带回了大宛国的汗血宝马。

汉武帝对得到良马的执著导致他最终发动了大规模的战争，可以说是历史上少有的一段奇事。不过，汉武帝通过战争引回的良种，最终并没有达到改良中原地区战马品种的目的。

马在中国，是六畜之一，但与其他家畜相比，中原地区养马的历史或许不是很悠久。从考古资料来看，马的遗骸在商周之前发现不多。新石器时代遗址中只有零星发现，而且多为马的趾骨、牙齿等。这很可能与远古时期的交通不够发达有关。远古人类除了部族迁徙，很少远行，所以对家马的需求有限。

茂陵马踏匈奴石雕

但从商代以后，这一状况发生了巨大的变化，比如河南安阳殷墟遗址发现了许多车马坑，出土了大量的马的完整骸骨，说明这一时期养马已形成规模。甲骨文当中也出现了许多"马"的字形，而这些字形基本上是马的简笔画。虽然是简笔画，相对来说字形比较繁琐，即使在后来的演变当中，与牛、羊、豕、犬相比，笔画仍然繁多。

| 甲骨文1 | 甲骨文2 | 金文1 | 金文2 | 篆 | 隶 |

"马"的造字，抓到的主要特征是尖耳、大眼睛、马鬃和马尾。春秋战国时期的金文开始逐渐符号化，成为篆字以后的祖型。

草原上的马

不过，马的驯化不会在短时间内完成，从车马坑中车马同时出土的情况来看，正是因为车的广泛应用，马的养殖规模才出现了爆发式增长。因此，在商代之前，也一定有一段马的驯化历史。当然，也不排除从北方游牧民族引进而来。总之，中原地区的马总是与车相伴而出现。

古代养马的文献，比较著名的是秦祖先非子，这已经到了周孝王时期，而"秦"字的造字或许就与养马有关。

"秦"字的起源有两解，均与秦国有关：一、与庄稼有关，字形是双手奉杵，春禾为米。周秦地区农耕发达，故以此为地名。二、与作为喂马饲料的草有关，字形是用双手捆扎草料，"午"表达的是交午引申出的捆扎义。伯益之后非子被周孝王封于汧渭之间的秦，为王室养马，因此地草料丰盛，故以此为地名。而且"秦"亦为"蓁""榛"等字的本字，故古"秦"字下面的双"禾"或指丰富的草料。

甲骨文1　甲骨文2　金文1　金文1　说文籀　篆　隶

甲骨文双手所奉之"午"有两种写法，甲骨文2的写法为后世"午"字之滥觞。从金文到《说文解字》籀文字形基本保持不变，上为双手奉杵，下为双"禾"。而《说文解字》篆字下面的双"禾"简化为一"禾"。隶变之后，双手奉杵之形作规范变形，进化为今字。

由"秦"字的造字和文献记载来看，秦本是起源于一个为王室养马的家族，这或许是秦始皇兵马俑有如此巨大规模的原因之一。

与养马有关的是关于相马与治马的文化。古代最著名的相马与治马大师莫过于伯乐，而由伯乐生发的文化意象一直影响至今。《韩诗外传》说："使骥不得伯乐，安得千里之足。"韩愈的《马说》中说："世有伯乐，然后有千里马。千里马常有，而伯乐不常有。"因此，伯乐被作为能够发现人才的人的象征，而马则作为人才的象征。

与伯乐有关的另一则记载，则是伯乐推荐九方皋的事，而九方皋的相马经历更是代表了中国式的智慧。这段故事记载在《列子·说符》当中：

秦穆公谓伯乐曰："子之年长矣,子姓有可使求马者乎?"伯乐对曰："良马可形容筋骨相也。天下之马者,若灭若没,若亡若失,若此者绝尘弭辙。臣之子皆下才也,可告以良马,不可告以天下之马也。臣有所与共担纆薪菜者,有九方皋,此其于马,非臣之下也。请见之。"

穆公见之,使行求马。三月而反,报曰："已得之矣,在沙丘。"穆公曰："何马也?"对曰："牝而黄。"使人往取之,牡而骊。穆公不说,召伯乐而谓之曰："败矣,子所使求马者!色物、牝牡尚弗能知,又何马之能知也?"

伯乐喟然太息曰："一至于此乎!是乃其所以千万臣而无数者也。若皋之所观,天机也,得其精而忘其粗,在其内而忘其外;见其所见,不见其所不见;视其所视,而遗其所不视。若皋之相者,乃有贵乎马者也。"马至,果天下之马也。

这段记载是说:秦穆公因为伯乐年纪大了,所以请他再推荐一个也能相马的后人。结果伯乐认为自己的儿子相马的才能都比较有限,所以他推荐了一个叫九方皋的人,并向秦穆公保证这个人相马的能力比自己还高。

秦穆公相信了伯乐的推荐,就请九方皋去找良马。三个月之后,九方皋返回,告诉秦穆公说良马已经找到,目前在沙丘。秦穆公请他具体描述一下马的情况,九方皋回答说:这是一匹黄色的母马。当使者到沙丘看到这匹马时,却发现这是一匹纯黑色的公马。秦穆公听到消息后很不高兴,责怪伯乐说:你找的什么人?连马的颜色、公母都分不清,还相什么马?结果伯乐感慨说:这个人居然了不起到这种程度了!原来比我高千倍万倍。我看的是马，而九方皋看的是天机。因此他是"得其精而忘其粗，在其内而忘其外"，他只看他应该看到的，不看他不需要看到的，像他这样的人，境界已经远远超越了相马本身。

也就是说，九方皋的境界是忽略细枝末节，抓住事物的根本。反过来说，对细节的迟钝，正是源于对本质的精准把握。所以，中国式的智慧，是直达本质，对细枝末节则可以含糊、不较真。应用到生活当中，则是把握原则而不与别人在小事上争短长。

与《列子》相反，《庄子》则把伯乐当作一个反面的例子。《庄子·马蹄篇》中有一段关于伯乐的叙述：

> 马，蹄可以践霜雪，毛可以御风寒。龁草饮水，翘足而陆，此马之真性也。虽有义台路寝，无所用之。及至伯乐，曰："我善治马。"烧之，剔之，刻之，雒之。连之以羁馽，编之以皂栈，马之死者十二三矣！饥之渴之，驰之骤之，整之齐之，前有橛饰之患，而后有鞭筴策之威，而马之死者已过半矣！……
>
> 夫马陆居则食草饮水，喜则交颈相靡，怒则分背相踶。马知已此矣！夫加之以衡扼，齐之以月题，而马知介倪、闉扼、鸷曼、诡衔、窃辔。故马之知而能至盗者，伯乐之罪也。

在这里，《庄子》讲到了伯乐的治马之罪。马本来自由自在地生活在大自然当中，但是，就是像伯乐这样的号称善治马的人，使用各种马具改造马的天性，使马失去了本应有的自在和快乐。因此，马就用各种小伎俩来对付这些马具，由此生发了各种不良的行为，乃至发展到盗的行为。因此，社会风气的败坏，就是由这些"伯乐"造成的。

　　尽管《列子》与《庄子》当中的伯乐一个是正面的一个是反面的，但其背后的寓意是相同的。《列子》用伯乐对九方皋相马的赞叹，寓意顶级的智慧是关注于道而非表面现象；《庄子》则用伯乐治马象征对道的背离，由此把社会的诸多乱象归咎于对天性的破坏。因此，《列子》与《庄子》的用意都不在伯乐，也不在马，而是借物喻义而已。

　　马或许是因为体型和速度的原因，常被古人借来阐发哲学含义，比如《周易》坤卦中关于"牝马"的卦辞、《公孙龙子》中的"白马非马"论，马由此成为古代先哲著作中的热词之一。

　　在我们现在所有见到的古代文献中，常见以象来代表万事万物，但很可能在先秦时期，也经常会以马来代表万事万物。在《周易·系辞》当中，经常会见到"象"这个词，但在马王堆帛书本的《系辞》当中，所有的"象"都写作"马"，比如"圣人设卦观象"，帛书本作"圣人设卦观马"；就连我们熟悉的"两仪生四象，四象生八卦"，帛书本也作"两仪生四马，四马生八卦"。因此，马也是古人作为万事万物象征的选项之一，只是后来都统一为象。

戈壁野马群

　　既然马象征了万事万物以及万事万物背后的道，所以，马就成为古人放任天性、自由驰骋的精神寄托。《庄子》当中还有一个野马的词非常有趣，因为这个野马并不是马，而是指地面之上游动的蒸气。《庄子·逍遥游》说："野马也，尘埃也。生物之以息相吹也。"可见，这种尘埃是有生命力的。

这是庄子渴望心灵自由的体现：野马，奔驰于原野！

当万马奔腾于尘埃之中的景象重现于世间，我们将深刻体味动物解放的快感，并因为动物的解放而迎来人类自身的解放。

虫——一生三世的奇迹

虫（蟲），这个字在中国古代曾是全体动物的代称，连人（倮虫）也不能例外。不过，我们这里所说的虫，是平素生活当中所指的虫，也就是俗称的"虫子"。按照现代科学的划分，差不多是指陆地上生活的节肢动物门，其中主要包括蛛形纲与昆虫纲两大类。

关于虫子类的造字，绝大部分都是后起的形声字。以甲骨文为例，与虫子相关的象形字不多，比较典型是"虫（蟲）"字和"万（萬）"字。

最初的"虫"，从字形上看就是画了一条蠕动的虫形，可以指昆虫的幼虫，也可以指蛇，所以，在不同的造字中，可以隶定为"虫"，也可以隶定为"它"（"蛇"的本字）。在甲骨文和金文中，或隶定为"它"，或隶定为"蟲"。

甲骨文1　甲骨文2　金文1　金文2　篆1　篆2

甲骨文　金文　战国简1　战国简2　篆

　　上面这两行字形，因为线条过于简略，很难确定指的是什么。第一行是单体，可以隶定为"它"；第二行是两个或三个单体的组合，可以隶定为"蟲"。

　　而作为造字的构件，则既可以表示"蛇"，也可以表示"蟲"，根据不同的字可以有不同的解读。

　　在"蟲"的含义上可以以"蛊（蠱）"字为例。

甲骨文　　盟书　　篆　　　隶　　　楷

　　从造字上看，"蛊（蠱）"字就是在盘子里放了许多的虫子。而这些虫子一般选用的蝎子、蜘蛛、蜈蚣等毒虫，能致人中毒，造成伤害甚至死亡。或许是因为人在中毒的状态下会神志不清，所以，心志惑乱也可以称为蛊，由此生发出巫蛊之术。而巫蛊之术其实就是远古流传下来的一种诅咒术，除了用蛊虫之外，还可以用其他的各种方法，达成对巫蛊对象的诅咒。

　　在这些蛊虫当中，蝎子和蜘蛛其实在甲骨文中可以找到对应的字形。

　　蝎子对应的是"万（萬）"字。

甲骨文 1　甲骨文 2　金文 1　金文 2　篆　　　隶　　　楷

　　甲骨文、金文明显可以看出是蝎子的象形，隶变后整体化，蝎爪变成了不相干的"艹"字头，蝎身、蝎尾变成了"禺"字。

　　不过，以甲骨文为例，"萬"字的字形虽然是蝎子的象形，但一开始就被借去当作数字的"萬"字。而"萬"字之所以被选择为"千"的十倍数，或许是来自古人在现实生活中的体验，比如掀起一块大石头，忽然跑出无数只蝎子等爬虫，所以用它来代指比"千"还大的数字。使用的方法是，在"萬"的尾部画一道横线，即为一萬，两道横线即为两萬，三道横线即为三萬，五萬则是在"萬"的尾部加一个交叉字形的"五"字。

　　"萬"字被借走当作"千"的十倍数后，蝎子的本义如何表达呢？古人想到的还是形声字的办法，在"萬"字下面加个"虫"，就变成了"蠆"字。"蠆"顺理成章地被归于虫的种类之中。

　　而与蜘蛛对应的字形最初也是象形字，与形声字的"蛛"字并无关联。

甲骨文1　甲骨文2

　　这两个甲骨文字形应当就是蜘蛛的象形。不过，这个字形与甲骨文中的"龟"字有几分相像。

甲骨文1　甲骨文2　金文

　　"龟"字有侧面的形象，也有正面的形象。以上面的字形为例，第一个甲骨文是侧面的"龟"，第二个甲骨文以及旁边的金文是正面的"龟"。正面的"龟"字形与甲骨文中蜘蛛的象形字相像，而"龟"在作为字素使用时也常常被隶定为"黽"的字形，因为这个缘故，"蛛"字还有"䵷"的异写，即由"朱"与"黽"构成的形声字。

蜘蛛虽然有结网和不结网的品种之分，但在古代有关蜘蛛的文化寓意，则多是取自蛛网。

因为蜘蛛结网类似于人间的纺织，所以七月七日与织女有关的乞巧节，往往可以看到蜘蛛的影子。《开元天宝遗事·蛛丝才巧》中说：

> 帝与贵妃，每至七月七日夜在华清宫游宴。时宫女辈陈瓜花酒馔列于庭中，求恩于牵牛、织女星也。又各捉蜘蛛闭于小合中，至晓开视蛛网稀密，以为得巧之候；密者言巧多，稀者言巧少。民间亦效之。

可见，古人认为，一个人尤其是女性的巧与不巧，在于织布的手艺高低。而在七月七日这个特殊的节日中，就可以用蜘蛛来祈祷或预测自己是否能得巧。这种习俗从宫中流传到民间，成为乞巧节的一项重要的活动内容。

比《开元天宝遗事》更早的《荆楚岁时记》也有类似记载：

> 是夕，人家妇女结彩缕，穿七孔针，或以金银鍮石为针。陈几筵酒脯瓜果菜于庭中，以乞巧。有喜子网于瓜上，则以为符应。

由此看来，七月七日用蜘蛛来乞巧的习俗由来已久。与《开元天宝遗事》不同的是，《荆楚岁时记》记载的乞巧方式是看蜘蛛是否在瓜果上结网。

不过，《荆楚岁时记》中并没有直接出现蜘蛛之名，而是把蜘蛛称作"喜子"，这是民间对蜘蛛的一种寄寓美好愿望的称谓。蜘蛛因此被赋予了预示好运的寓意。除了"喜子"之外，蜘蛛还被称作"喜蛛""喜母"，后来甚至创造了一个带"虫"字旁的"蟢"字，专指这种会给人们带来好运的蜘蛛。因为这个缘故，民间通常情况下是不允许伤害蜘蛛的。而见蛛有喜的象征意义，多半来源于乞巧节以蜘蛛乞巧的习俗。

既然是见蛛有喜，古人就在生活当中发掘出新的灵感。当看到从屋顶有一只"喜子"挂在蛛丝上从天而降时，就有了"喜从天降"的说法。而这个喜，往往指的是来客之喜。

三国吴人陆玑《毛诗草木鸟兽鱼虫疏》在解释"蟏蛸在户"时说："蟏蛸，长踦，一名长脚，荆州河内人谓之'喜母'。此虫来着人衣，当有亲客至，有喜也。"

蟏蛸是蜘蛛当中的一种，身体和脚都很细长，所以陆玑说它"一名长脚"。蟏蛸喜欢在屋内墙角结网，其实民间所称的"喜子"多半是指这种蜘蛛。当"喜子"从天而降时，就预示着将有贵客到来。

不过，虽然陆玑在解释"蟏蛸"时把它作为一种预示"有亲客至"的喜虫，但在《诗经》的原诗《豳风·东山》中"蟏蛸"却代表了另外一层含义，即屋舍荒废之义。

清代任伯年《喜从天降》

诗中说："果臝之实，亦施于宇。伊威在室，蟏蛸在户。""果臝"即栝楼；"伊威"是阴暗潮湿处的小爬虫。这段诗的意思是：栝楼的果子都爬到了房屋上，屋里潮湿的地上有许多小虫子跑来跑去，墙角上蟏蛸结满了网。这是一个远征在外的士兵对自家房屋因为无人打理而破败的想象，由此来衬托思乡之情。

可见，即使是"喜子"，也有与之相反的意象。

前面讲到，甲骨文象形的"蛛"字，有几分像"龟"的字形，其实除了"蛛"字，还有一个代表虫子的字形也与"龟"字十分相像，乃至在后来的造字当中，这个字还残存了"龟"字的部分信息，这个字就是表示季节的"秋（龝）"字。

"秋（龝）"字最初的创字似乎看不出与秋天的季节有什么关系，上面一只虫子，下面是火，甚至有的字形连下面的火也省略掉了，也就是说，最初的"秋"字是一只虫子做主角。在后来的演变过程中，为了表示与庄稼有关，加了"禾"的字素，如《说文解字》籀文，有"火"有"禾"有"龟"（代表虫），在此基础上春秋战国出现了省却虫形的"秋"字，只留下了"禾"和"火"字。

甲骨文　　战国简　　说文籀　　篆　　　隶　　　楷

对"秋"字甲骨文的字形分析分歧比较大，问题在"火"上面究竟是一只什么虫子。仅从字形上来看非常接近"龟"，因此在《说文解字》籀文和异体"龝"字形中，索性就把虫子部分的字形写成了"龜"字。即使在今天去掉"龜"的字素后，仍然保留了"龜"的读音，在上古读音中，"龜"就读作"秋"。但仔细观察后，可以看出这只虫子还是与"龜"字不同：首先这个虫子的头上有触须，其次这只虫子的背上有羽翼。因此，这只虫子应该是蝗虫或蟋蟀类的昆虫。

　　那么，这只虫子究竟是蝗虫还是蟋蟀呢？主张蝗虫的观点认为，秋天是收获的季节，最怕的是蝗虫。而以火驱蝗，目的是保证秋天的收成，因此，把甲骨文"秋"解释为火烧蝗虫。主张蟋蟀的观点认为，当秋凉初起，就可以听见蟋蟀的鸣叫了，而下面的火才象征着秋天庄稼的成熟。这两种观点哪一种更为合理呢？这个很难判断，或许两者兼有。不过，从中国传统的思维模式来看，找一个时间节点的象征物好像更合理些。差不多一听见蟋蟀的鸣叫就到了立秋的节气，夜里的秋凉也就有感觉了。从这里角度来看，或许是蟋蟀的可能性更大些。

五代黄筌《珍禽写生图·蟋蟀》

　　与秋天相关的特征性昆虫还有秋蝉。当然，蝉并非只有秋天才有，《诗经·七月》说："五月鸣蜩。"五月是夏历夏季的第二个月，也就是仲夏，所以蝉鸣也可以是炎炎夏日的象征。然后，蝉到深秋以后就杳无踪迹，所以秋蝉的意象还包含有几分对生命短暂的感慨。像陆云的《寒蝉赋》、柳永《雨霖铃》中的"寒蝉凄切"，说的都是秋蝉。古代关于蝉的称谓很多，比如蜩、蝹、蝼、蟪蛄等。但这些字无一例外都是形声字，在甲骨文中还没有找到可以与蝉对应的字形。

蝉的最常见的文化含义就是高洁。高指的是它总是喜欢攀附在高大的树干上，洁指的是它靠吸食树中的汁液为生，而不屑种种美味。

关于蝉的这种品质，曹植的《蝉赋》描写得最为详细：

> 唯夫蝉之清素兮，潜厥类乎太阴。在盛阳之仲夏兮，始游豫乎芳林。实澹泊而寡欲兮，独怡乐而长吟。声皦皦而弥厉兮，似贞士之介心。内含和而弗食兮，与众物而无求。栖高枝而仰首兮，漱朝露之清流。

蝉"清素"而"澹泊"，"独怡乐而长吟"，正与人间的"贞士"相似，所以特别受到古代以清高自居的文人雅士的青睐，因此留下了许多有关蝉的诗作。比较著名的是唐代骆宾王、虞世南与李商隐的蝉诗。

骆宾王《在狱咏蝉》

> 西陆蝉声唱，南冠客思深。
> 不堪玄鬓影，来对白头吟。
> 露重飞难进，风多响易沉。
> 无人信高洁，谁为表予心？

虞世南《咏蝉》

> 垂緌饮清露，流响出疏桐。
> 居高声自远，非是藉秋风。

李商隐《蝉》

本以高难饱,徒劳恨费声。

五更疏欲断,一树碧无情。

薄宦梗犹泛,故园芜已平。

烦君最相警,我亦举家清。

每一首诗中都有流传千古的名句,比如骆宾王的"无人信高洁,谁为表予心",虞世南的"居高声自远,非是藉秋风",李商隐的"本以高难饱,徒劳恨费声",这些诗句中都有一个"高"字。这是许多文人内心的一种写照。

而《史记·屈原列传》中则说:"蝉蜕于浊秽,以浮游尘埃之外,不获世之滋垢,皭然泥而不滓者也。"这种"蝉蜕于浊秽",却"皭然泥而不滓者也",差不多就是荷花出污泥而不染的翻版。这种意象正与屈原完美契合。

所谓"蝉蜕于浊秽",说的是幼蝉出离泥土之后即在树干上蜕去外壳,此后在高树间往来,再也不会沾到泥土,一生"浮游尘埃之外,不获世之滋垢"。蝉因此成为人格高洁的最理想的象征。

而"蝉蜕于浊秽"的"浊秽",指的就是泥土。蝉属不完全变态昆虫,一生绝大部分时间都蛰伏于地下,经常蛰伏四五年以上,最长的据说可以达到 17 年。还有一种说法,认为蝉的幼虫在地下蛰伏的时间以年为单位都是质数,看来蝉也是"数学

蜕变不久的蝉

家"。当它钻出土壤，爬上高树之后，剩余的寿命也只有短短的几个星期了。漫长岁月的蛰伏，只为了这短暂的高光时段，也成为许多文人感叹自我命运的寄托。

不唯如此，蝉的这种人间、地下两世因缘也给予古人以另外的灵感，那就是对逝去的亲人再生的企盼。当蝉在地下的时候，无论时间有多么漫长，但总保有翻越到世间的希望。那么，埋入地下的人，灵魂会不会也像蝉一样，经过漫长的等待之后重新回到人间呢？于是，古人想到了把蝉放入死者的口中，用这种方式祈祷死者早日重生。

玉蝉

当然，放入死者口中的不会是一只真实的蝉，而是玉蝉之类的随葬品，因为是含在口中，所以称作玉琀。《说文解字》说："琀，送死口中玉也。"死者口中含玉的历史悠久，至少从商代起就有这个葬俗，例如，安阳大司空村商墓中出土了八件玉琀，其中有两件玉蝉。汉代则普遍以玉蝉为琀，成为当时重要的葬俗之一。这或许与汉代人普遍认为人的灵魂可以转世轮回有关。

蝉在中国古代，除了以上的文化含义外，在许多诗词当中，还常常用在伤秋的意象上，如：

秋风发微凉,寒蝉鸣我侧。
原野何萧条,白日忽西匿。

——魏曹植《赠白马王彪》

凉风绕曲房,寒蝉鸣高柳。
踟蹰感节物,我行永已久。

——晋陆机《拟明月何皎皎》

穆陵关上秋云起,安陆城边远行子。
薄暮寒蝉三两声,回头故乡千万里。

——唐郎士元《送别》

萧条旅舍客心惊,断续僧房静又清。
借问蝉声何所为,人家古寺两般声。

——唐刘商《秋蝉声》

寒蝉欲报三秋候,寂静幽斋。叶落闲阶,月透帘栊远
梦回。

——五代冯延巳《采桑子·寒蝉欲报三秋候》

寒蝉凄切,对长亭晚,骤雨初歇。都门帐饮无绪,留恋
处,兰舟催发。

——宋柳永《雨霖铃》

这些诗词多以寒蝉、秋蝉的意象,表达诗人的伤秋之情。蝉

的一生从诗人的视角来看，充满了浓浓的悲剧色彩，幼虫期在地下默默生活了数年乃至十数年，来到世间不过几十天的光景，就随着秋叶的凋落走到了生命的终点。

明代沈周《柳蝉图》

蝉是不完全变态昆虫，一生当中除了虫卵阶段，经历了地下和人间两番世界。而蚕作为完全变态昆虫则是经历了三番世界，分别是幼虫、茧蛹与成虫，最为令人惊叹的是这三个阶段的生命呈现出完全不同的面貌，但凭外形根本无法把三者联系起来。

不过，对于中国古代先民，关注更多的是蚕从幼虫到蚕茧的阶段，因为在五千年前，古人从蚕丝中受到启发，发明了丝织品，使其成为几千年来高贵的纺织面料。

根据考古发现，在新石器时代中国已经出现了丝织品，例如：1926年山西夏县西阴村仰韶文化遗址中发现半个蚕茧；1958年浙江吴兴钱山漾遗址发现家蚕丝线、丝带和绢片；1983年河南青台遗址出土瓮棺葬中的丝绸残痕。近年来，在距离青台遗址不远的汪沟遗址，又出土了5000多年前的丝织品残片。而在郑州巩义河洛镇双槐树遗址出土的牙雕蚕则是中国最早的蚕雕艺术品，也有5000多年的历史。

由此可见，中国的养蚕和丝织品制作历史悠久。由于蚕关系到人们衣食住行的基本生活，所以受到极大的重视。就像农耕文明需要农神一样，丝织文明同样需要神，这个神就是蚕神。

钱山漾遗址丝绢残片　　　　　双槐树遗址牙雕蚕

关于蚕神的记载，可以上溯到《山海经》，其中的《海外北经》记载："欧丝之野大踵东，一女子跪据树欧丝。""欧"，通"呕"，即吐的意思。郭璞解释这句话时说："言啖叶而吐丝，盖蚕类也。""啖叶而吐丝"，就是吃下树叶而吐出丝来。所以，郭璞说她就是蚕。由此推论，这个吃树叶吐蚕丝的女子应该就是最早的蚕神了。那么，这个女子吃的是什么树叶呢？《山海经》接下来说："三桑无枝，在欧丝东，其木长百仞，无枝。"可见，欧丝女子吃的就是桑叶。

《后汉书·礼仪志》注引《汉旧仪》记载："春桑生而皇后亲桑于菀中。蚕室养蚕千薄以上，祠以中牢羊豕，祭蚕神曰菀窳妇人、寓氏公主，凡二神。"可见，东汉时期的蚕神是菀窳妇人和寓氏公主。

《荀子·赋》当中也提到了蚕神："此夫身女好，而头马首者与？……冬伏而夏游，食桑而吐丝……蛹以为母，蛾以为父，三俯三起，事乃大已，夫是之谓蚕理。"也许是这个缘故，后世还出现了许多与马有关的蚕神。

而在蜀地，则有蚕丛的传说。那么，蚕和蜀有什么关系呢？

"蚕（蠶）"是后起的形声字，在早期字形找不到令人信服的象形字。但有人认为，甲骨文中单独的虫形象形字，同时也可以视为"蠶"的象形字，尤其是那个头上有眼睛、身上有节理的字形。

　　为什么会有这种解读呢？如果从"蜀"字倒推，似乎感觉有一定道理。"蜀"字在甲骨文和金文当中，就是"目"与"虫"的组合。

甲骨文1　甲骨文2　金文　石鼓　篆　隶　楷

　　从上面这一行"蜀"字的演变字形中看，甲骨文1是一只眼睛一只虫，甲骨文2是一只眼睛两只虫。那么，"蜀"字含义是什么？《说文解字》说："蜀，葵中蚕也。从虫，上目象蜀头形，中象其身蜎蜎。《诗》曰：'蜎蜎者蜀。'"按照《说文解字》的解读，"蜀"是一种蚕。"蜀"字上面的"罒"不是网，而是横放的"目"。《诗经》"蜎蜎者蜀"，"蜀"字或作"蠋"，指的就是蚕，因此，不排除最初的"蜀"字与"蠶"字同源。

　　《说文解字》认为上面的大眼睛类似蚕的幼虫头部，不过，这只眼睛更可能象养蚕人瞪大眼睛观察蚕的生长情况，尤其是金文的字形是一个大眼睛的人和虫的组合。眼睛下面的"人"后来演变为"勹"。

　　古蜀地的人因为有养蚕的习俗，所以称其族为"蜀"。《华阳国志》记载："有蜀侯蚕丛，其纵目。"这个蚕丛，应该就是古蜀族以养蚕为习俗的祖先，或者说，这个蚕丛，就是蜀地的蚕神。

　　由此可见，中国古代的蚕神形形色色，并没有一个固定的版本。后来，人们又把发明蚕的功绩一并算在了黄帝的身上，那么黄帝就兼任了蚕神。不过，在唐宋以后，由于男耕女织的观念深入人心，因此人们就想到了黄帝的元妃嫘祖应该是最合适的人选，从此，嫘祖就成为最正宗的蚕神。

那么，嫘祖是否会与蚕有关呢？从"累"的字形上来看，还是有这种可能性的。"累"字由一个"田"或者三个"田"字与"糸"字组成。"糸"即单独的茧丝。这里的"田"字不是田地的意思，而是来源于"畾"，象征一面鼓，用鼓来代表雷声。三面鼓象征雷声殷殷连绵不断，由此引申出积累的义项。因此，"累"的初义是积累很多丝，可见"累"与蚕丝是有直接关系。嫘祖本作"累祖"，因为是女性，所以"累"字旁边加"女"字成为"嫘"。或许嫘祖很早以前就被中国人视为蚕祖，只是我们丢失了相应的文献线索而已。

在完全变态的昆虫中，除了蚕之外，还有一类受到古人尤其古代文人的青睐，那就是纯粹从美学角度被认知的蝴蝶。

"蝶"本作"蜨"，"蝶"为俗字。但从造字角度看，"蝶"的造字更为巧妙。"蝶"字的声符"枼"字，是"叶"的本字。

"叶（葉）"的早期字形是树叶之形，篆字出现"艸"字头，泛指草木之叶。

甲骨文　金文1　金文2　篆1　篆2　　隶　　楷

商代的"叶（葉）"如甲骨文和金文1是树叶的象形，金文2之后树叶部分变为"世"字，而"世"字来源于"卅"（即三十），有世代很多的含义。篆字出现加"艸"字头的形声字，隶变后固定为"艸""世""木"的组合。

而"虫"与"枼"的组合，可以理解为像叶子飘舞一样的虫。因为蝶多为彩色，所以，蝶还可以理解为飞动的花瓣。可见，"蝶"的造字更为生动，似乎能感觉到其中生命的信息。

蝶的出现有明显的季节性，所以，在古代文人笔下，蝶的意象常常与季节有关，而这个季节是在春末夏初。当蝴蝶飞舞之时，大地的生命气象更加绚烂。

唐宋时期的文人对蝴蝶情有独钟，蝴蝶常常出现于诗词当中，甚至专门有与蝴蝶有关的词牌名，比如《蝴蝶儿》《扑蝴蝶》《玉蝴蝶》。

五代时期孙光宪的《玉蝴蝶》主题就是蝴蝶：

> 春欲尽，景仍长，满园花正黄。粉翅两悠飏，翩翩过短墙。鲜飙暖，牵游伴，飞去立残芳。无语对萧娘，舞衫沉麝香。

春尽夏始，蝴蝶少女相伴，一幅悦目的美景。

宋代赵昌《写生蛱蝶图》

除了春尽夏始的意象，还有一只经常入诗的蝴蝶，就是庄子梦见的那只蝴蝶，最出名的当属李商隐的诗："庄生晓梦迷蝴蝶，望帝春心托杜鹃。"

庄子梦蝶典出《庄子·齐物论》，原文是：

> 昔者庄周梦为胡蝶，栩栩然胡蝶也。自喻适志与！不知周也。俄然觉，则蘧蘧然周也。不知周之梦为胡蝶与？胡蝶之梦为周与？周与胡蝶则必有分矣。此之谓物化。

说的是庄周有一天睡着了，梦见自己变成了一只蝴蝶。当他成为蝴蝶的时候，他认为自己就是一只蝴蝶，但当他醒来以后，发现自己又实实在在的是庄周。由此就生发了一个命题，当他成为蝴蝶时那是庄周的梦，而当他成为庄周时难道不是蝴蝶的梦吗？那么，他到底是庄周还是蝴蝶呢？

庄周以这段寓言作为《齐物论》的收笔，自然有他的深意。齐物，就是物与物等齐，人亦为物，那么人亦与物等齐。从终极论，人与万物是掰不开的。当然，人梦为蝴蝶，蝴蝶梦为人，都在于一个梦，梦则为虚妄，这是庄子哲学层面的思考。

在现代中国，除了庄子的蝴蝶，还有两只非常出名的蝴蝶，这就是梁祝。梁祝的爱情故事可谓家喻户晓，在现实中无法实现的爱情，通过化蝶而得到实现，而且化蝶不仅仅是爱情的一种简单实现，更是一种升华。

这也是蝴蝶三世因缘给世人带来的灵感。

虫子的世界，尤其是蝉与蝶，打开了人类对于生命升华的想象。假如我们是一只虫，我们是只去做一只虫，还是耐住地下或者蛹的寂寞，等到有一天变成"居高声自远"的蝉或者翩翩飞舞的蝴蝶？

结语　回到丛林

汉字的造字如此简单，起初犹如用一个幼童的眼睛看世界，然后画下来。比如画一棵树就是"木"字，画两棵树就是"林"字，画三棵树就是"森"字，森林由此在树的积累中形成，似乎是在模拟森林的自然生长。

当文字的森林长成一片，文明就在其中滋生，而文明的成长却把真实的森林向身后慢慢推远。虽然我们说不清究竟是森林在后退，还是人类在前行，等我们蓦然回首时，却发现我们似乎已经远离了人类曾赖以繁衍生息的丛林。

尽管如此，在整个汉字的造字时代，即使是造字本身，我们先祖的视线也从未离开过丛林，汉字就在这样的回望或回忆中不断被创造出来，或者说生长出来，因此说，那片丛林不仅是人类的故乡，同样也是作为至今唯一生存下来的表意文字——汉字的故乡，也就是说，虽然文字是远离丛林的重要的驱动力之一，但没有丛林，其实就没有汉字。人类就是在这种纠结中转眼之间送走了几千年的岁月。

因此，跨越整个造字时代，在走出丛林的过程中，人类社会尤其是中国的古代社会，在心理层面上，是仍然置身于丛林之中，还是早已远离丛林？一直处在一种含混不确定的状态。这导致了天人合一的思维模式主宰了中华文明几千年。

　　就在造字时代的末尾，一位伟大的思想家孟子说："万物皆备于我。"一千多年后，另一位思想家程颢展开说："仁者以天地万物为一体。"而同时代的张横渠则以"民胞物与"作为解读。所谓"物与"，意为我与物不分彼此。

　　那么，关于"物"，古人是如何理解的呢？我们在"牛"的章节中解读过"物"的含义，"物"虽然可以涵盖天下万物，但因为有"牛"的参与，更多地对应于生命，即使指代无生命之物，那么按照万物有灵的观念，同样也可以赋予生命。

　　儒家学说的核心如果用一个字来概括，那就是"仁"。一个人是"人"，两个人及两个以上的人就是"仁"，所以，"仁"最初的含义可以理解为人与人之间的关系法则，而这个关系法则的要点简单说就是"爱"。而真正的"仁者"，按照儒家的逻辑推己及人然后推人及物，就成了程颢所说的"以天地万物为一体"，由爱己而生成爱人，由爱人而生成爱物。究其原因，即"万物皆备于我"，我中有万物，万物中有我，既然逃不出我，那就自然逃不出万物。其实儒家学说的根本，正如王阳明所悟，是放大"我"而成就含天下万物的"大我"，修"大我"才是儒家的顶级智慧，而修成"大我"则可以无往不利。

　　这种沉淀在民族基因层面的智慧，让形式上走出丛林的中国古代先民被无形的线所牵，念头上只一松，就回到了丛林，只不过这一次是多了一层人伦层面的爱的色晕而已。

　　但当钢筋水泥的丛林实实在在侵占了绿色丛林之后，情况发生了重大的转变，那根若即若离的线被彻底割断，现代化城市像座硕大的牢狱，把人们扣押在生命世界之外，连丛林的记忆也恍若隔世。如果把城市画成圈，里面有人则为"囚"字，里面有树则为"困"字。因此，钢筋水泥之丛林活脱就是一个"困"字。《周易·

困卦》六三爻的爻辞"困于石，据于蒺藜"，就是一个恰当的注解。在此石头一样甚至比石头还冰冷的丛林中，如果想抓到一个依靠，那么就会抓到扎手的蒺藜。可见困窘和烦恼遍地皆是。

那么，是什么力量让我们甘愿被囚禁在此丛林之中呢？其实从人的本心来说，未必是甘愿，只不过是被物欲绑架而已。

人在与天下生命隔绝的环境里，不用说那些原始丛林中的生命难得一见，甚至连千百年来被视为人间烟火象征的鸡鸣都难以听见，自然的闹钟早已换成床头机械的闹钟，乃至今天手机的闹铃。我们因为丢失了鸡犬，更进一步丢失了自己的心。我们被一种没有生命迹象的潮流裹挟推动着滚滚向前，离丛林乃至我们的心越来越远。

如果关上人类狭小的视野，那么，就可以看到许多头脑苍白的"文明人"在痛苦的折磨中欢欣鼓舞，准备好美酒等待人类社会进步的一次次巅峰。尽管在阴影中同时也在上演着不堪忍受折磨的人抑郁甚至自我终结。城市化的进一步推进、环境污染的加剧、核威胁的愈演愈烈，在清空我们关于丛林记忆的同时，也在毁灭着我们的明天。

人类对生命世界的摧残是一个不断升级的过程，丛林时代的采集与渔猎，由于人口规模的限制，还可以视为生态行为的一部分；农耕时代人类生存行为的改变，已经开始破坏原有的生态平衡，但似乎还在一个可以容忍的范围之内；当工业文明像一头魔兽冲进这个生命世界之后，生态环境开始遭受到致命的破坏；而如今高度发达的物质文明，更是以生态环境不可逆转的破坏与物种的大灭绝为代价。中国古老的智慧告诉我们，物我一也，当生态环境不再适应生命的繁衍生息，难道人类还可以独存？除非人的肌体也变成钢筋水泥或者金属零件的组装物。

那么，是不是人类已经完全没有出路了呢？

当我们把被关上的视野打开以后，首先把我们的头脑从"囚"和"困"中解放出来，从解放动物开始最终解放人类自己。办法是什么呢？

如果说走出丛林是人类进化的一场决定性胜利，那么正如老子所说"反者道之动"，返回丛林才是人类接下来的生存之路。

《庄子·马蹄篇》中说："夫至德之世，同与禽兽居，族与万物并。"好的世道只能是人与各种生命和谐相处。

那么，是不是说我们放下当下的文明，回到老子所说的"鸡犬之声相闻，老死不相往来"的小农社会，甚至回到与野生动物互相追逐的原始丛林呢？

既然视野已经被打开，为什么还要再换成另外一种视野同样狭窄的思维模式呢？中国式的智慧在于什么？在于我们的心。所以，重点是找回我们的心，心灵的回归才是决定性的。

当我们的心回到丛林，我们就将获得极其珍贵的安宁。安宁会让我们找到把现代文明赋予生命、重回天道的方法。其实说起来也很简单，那就是找回"以天地万物为一体"的情怀，如果人类的文明把天下生命都涵盖其中，那么人类的文明就变成了地球全体生命参与的文明，谁都没有被落在外面，都生机盎然地包含在这个"大我"里面，那么，整个生态环境就变成了文明发展的基石。这艘大船搭乘着全体生命，船大了，我们是不是愿意开得再慢一点，开得再稳一点呢？

并非危言耸听，如今的人类正面临着两个选择：灭亡或生存。

那么，我们应该如何抉择？

人类文明轨迹的曲线唯一正确的路径是：走出丛林，然后回到丛林。

图书在版编目（CIP）数据

走出丛林：造字时代的人与动物/一苇著. —上
海：上海三联书店，2024.4
ISBN 978-7-5426-8430-1

Ⅰ. ①走… Ⅱ. ①—… Ⅲ. ①文字-起源-研究
Ⅳ. ①H02

中国国家版本馆 CIP 数据核字（2024）第 062521 号

走出丛林——造字时代的人与动物

著　者 / 一　苇

责任编辑 / 王　赟
装帧设计 / 徐　徐
监　　制 / 姚　军
责任校对 / 王凌霄

出版发行 / 上海三联书店
　　　　　（200041）中国上海市静安区威海路 755 号 30 楼
邮　　箱 / sdxsanlian@sina.com
联系电话 / 编辑部：021-22895517
　　　　　发行部：021-22895559
印　　刷 / 上海惠敦印务科技有限公司

版　　次 / 2024 年 4 月第 1 版
印　　次 / 2024 年 4 月第 1 次印刷
开　　本 / 890 mm×1240 mm　1/32
字　　数 / 211 千字
印　　张 / 9.375
书　　号 / ISBN 978-7-5426-8430-1/H·132
定　　价 / 58.00 元

敬启读者，如发现本书有印装质量问题，请与印刷厂联系 021-63779028